Alleinerziehen im Lebensverlauf

Hannah Zagel

Alleinerziehen im Lebensverlauf

Familiendynamiken und
Ungleichheit im Wohlfahrtsstaat

Hannah Zagel
Institut für Sozialwissenschaften
Humboldt-Universität zu Berlin
Berlin, Deutschland

ISBN 978-3-658-20050-3   ISBN 978-3-658-20051-0 (eBook)
https://doi.org/10.1007/978-3-658-20051-0

Die Deutsche Nationalbibliothek verzeichnet diese Publikation in der Deutschen Nationalbibliografie; detaillierte bibliografische Daten sind im Internet über http://dnb.d-nb.de abrufbar.

Springer VS
© Springer Fachmedien Wiesbaden GmbH 2018
Das Werk einschließlich aller seiner Teile ist urheberrechtlich geschützt. Jede Verwertung, die nicht ausdrücklich vom Urheberrechtsgesetz zugelassen ist, bedarf der vorherigen Zustimmung des Verlags. Das gilt insbesondere für Vervielfältigungen, Bearbeitungen, Übersetzungen, Mikroverfilmungen und die Einspeicherung und Verarbeitung in elektronischen Systemen.
Die Wiedergabe von Gebrauchsnamen, Handelsnamen, Warenbezeichnungen usw. in diesem Werk berechtigt auch ohne besondere Kennzeichnung nicht zu der Annahme, dass solche Namen im Sinne der Warenzeichen- und Markenschutz-Gesetzgebung als frei zu betrachten wären und daher von jedermann benutzt werden dürften.
Der Verlag, die Autoren und die Herausgeber gehen davon aus, dass die Angaben und Informationen in diesem Werk zum Zeitpunkt der Veröffentlichung vollständig und korrekt sind. Weder der Verlag noch die Autoren oder die Herausgeber übernehmen, ausdrücklich oder implizit, Gewähr für den Inhalt des Werkes, etwaige Fehler oder Äußerungen. Der Verlag bleibt im Hinblick auf geografische Zuordnungen und Gebietsbezeichnungen in veröffentlichten Karten und Institutionsadressen neutral.

Gedruckt auf säurefreiem und chlorfrei gebleichtem Papier

Springer VS ist Teil von Springer Nature
Die eingetragene Gesellschaft ist Springer Fachmedien Wiesbaden GmbH
Die Anschrift der Gesellschaft ist: Abraham-Lincoln-Str. 46, 65189 Wiesbaden, Germany

Vorwort

Meine Motivation für dieses Buch über die Lebensform Alleinerziehen und die damit verbundenen Lebensbedingungen entstand aus der anhaltenden hohen sozialpolitischen Relevanz des Themas. Eine große und in vielen Ländern weiter steigende Zahl von Personen erfahren während ihres Lebens, in der Kindheit oder als Eltern, Phasen des Alleinerziehens. Alleinerziehen bringt zudem materielle und soziale Risiken für die betroffenen Eltern und Kinder mit sich. Politik und Gesellschaft haben noch keinen Weg gefunden, Benachteiligung zu verhindern und Alleinerziehen nachhaltig als gleichwertige Lebensform zu integrieren. Mindestens zwei Dinge stehen diesem Prozess aus meiner Sicht bislang entgegen. Das sind einerseits die anhaltende ideelle Fixierung der Zweielternfamilie als normativen Standard für vollwertiges Familienleben und andererseits die sozialpolitische Orientierung an diesem Standard für staatliche Leistungen. Letztere beinhaltet dennoch nicht die volle Kompensation der Nachteile Alleinerziehender. Zwar wird Alleinerziehen oft als Abweichung von der sogenannten Normalfamilie mit zwei biologischen Eltern konstruiert, da hier das Zusammenleben der beiden Eltern mit ihren Kindern nicht dauerhaft gegeben ist. Allerdings hat dies in der Vergangenheit nicht bedeutet, dass die Sozial- und Familienpolitik in Einelternfamilien den ausfallenden Beitrag des anderen Elternteils zum Familienhaushalt in vollem Umfang ausgeglichen hat. Weder decken von staatlicher Seite bereitgestellte finanzielle Leistungen wie das Kindergeld oder der Unterhaltsvorschuss den Ausfall der Unterstützung des anderen Elternteils ab. Noch sind die verfügbaren Betreuungsangebote genügend an die Bedürfnisse Alleinerziehender angepasst.

Ein Beitrag der Soziologie, die relativ beständigen normativen Leitbilder aufzuweichen und der Politik alternative Orientierungen anzubieten kann sein, neue theoretische Perspektiven auf das Alleinerziehen aufzuzeigen, die seine Dynamik und die Heterogenität seiner Risiken ernst nehmen. Auch das Bild der ehebasierten Kernfamilie ist heute weniger starr als noch vor drei Jahrzehnten. Es beinhaltet heute verstärkt auch nicht eheliche Elternpaare mit Kindern. Entsprechend gibt es einen zunehmend etablierten Strang in der Familienforschung, Unterschiede in den Lebensbedingungen von Kindern in ehelichen und nicht ehelichen ‚kohabitierenden' elterlichen Lebensgemeinschaften zu untersuchen. Alleinerziehen sollte folglich mehr als heterogene Lebensform konstruiert werden. Wenn Unterschiede nicht nur zwischen Ein- und Zweielternfamilien, sondern auch innerhalb dieser Kategorien dargestellt werden, gelangen wir zu einem umfangreicheren Bild des heutigen Familienlebens und sind besser gerüstet, Lösungen für Probleme zu formulieren, die aus Ungleichheiten resultieren. Das vorliegende Buch will hierzu einen Beitrag leisten. Das Ziel dieser Studie ist, einen Überblick über das Forschungsfeld zu verschaffen sowie einen theoretischen und empirischen Beitrag zur Analyse der Lebensbedingungen Alleinerziehender zu leisten. Der Ansatz fokussiert den Lebensverlauf und den Wohlfahrtsstaat als zwei kontextuelle Dimensionen, in deren Zusammenspiel sich die Risiken des Alleinerziehens konstituieren. Benachteiligung Alleinerziehender vermindern, so die Folgerung des Buches, setzt eine Auseinandersetzung mit der Vielfalt der Risiken des Alleinerziehens voraus, die in diesen Kontexten bestehen. Ich verstehe das Buch also als einen Ausgangspunkt, von dem ich hoffe, dass er vielfältige Anregungen für weitere Forschung zum Thema Alleinerziehen gibt.

Die Realisierung dieses Buchprojekts wurde ermöglicht durch die Förderung des *Kompetenzzzentrums Nachhaltige Universität* der Universität Hamburg, für die ich sehr dankbar bin. Ich danke außerdem Maximilian Fröhlich für seine Hilfe mit der Datenaufbereitung. Henning Lohmann möchte ich für seine Unterstützung und Durchsicht von Teilen des Manuskripts gerade in den Anfängen des Projektes danken. Die Studie hat zudem bedeutend durch die gewissenhafte Lektüre und Kommentare von Anette Fasang, Johannes Huinink und Michaela Kreyenfeld profitiert, ihnen gilt mein herzlicher Dank. Alle verbleibenden Fehler sind meine eigenen.

Berlin   Hannah Zagel
September 2017

Inhaltsverzeichnis

1 **Einleitung** 1
2 **Lebensbedingungen Alleinerziehender** 5
   2.1 Forschungsstand 5
   2.2 Heterogenität des Alleinerziehens 9
3 **Begriffsbestimmung** 15
   3.1 Definitionsansätze 16
      3.1.1 Subjektive Definitionen 16
      3.1.2 Rechtliche Definitionen 18
      3.1.3 Sozialrechtlich-administrative Definitionen 19
      3.1.4 Definitionen der amtlichen Statistik 20
   3.2 Alleinerziehen im Lebensverlauf 21
      3.2.1 Lebensform 22
      3.2.2 Risiken 26
4 **Makrostrukturelle Bedingungen** 31
   4.1 Historisch-geografische Kontexte 32
   4.2 Alleinerziehen im Wohlfahrtsstaat: Klassische Ansätze 33
   4.3 Lebensverlauf und Wohlfahrtsstaat 37
      4.3.1 Der fordistische Lebenszyklus 37
      4.3.2 Sozialer Wandel und Risikomanagement 39
   4.4 Risikotypen 40
   4.5 Empirische Abbildung von Alleinerziehen als
      Lebensform im Wohlfahrtsstaat 44
      4.5.1 Methodische Aspekte 44
      4.5.2 Daten 46

5	**Timing des Alleinerziehens und Familienpolitik**	49
5.1	Elternzeit- und Elterngeldreform	50
5.2	Analysedesign	51
	5.2.1 Vorher-Nachher Design	52
	5.2.2 Daten	55
	5.2.3 Methoden	57
5.3	Ergebnisse	58
	5.3.1 Übergänge	58
	5.3.2 Familienstand	59
5.4	Zusammenfassung und Diskussion	61
6	**Alleinerziehen und soziale Integration**	63
6.1	Soziale Integration im Lebensverlauf	65
	6.1.1 Linked lives	66
	6.1.2 Time and place	69
6.2	Analysedesign	71
	6.2.1 Abhängige Variablen	72
	6.2.2 Unabhängige Variablen	73
6.3	Ergebnisse	74
	6.3.1 Kontakthäufigkeit in Ost und West	74
	6.3.2 Auswirkungen des Übergangs ins Alleinerziehen auf Kontakte	79
	6.3.3 Kontakthäufigkeit nach Familienstand Alleinerziehender	81
6.4	Zusammenfassung	83
7	**Diskussion**	87
7.1	Demografische Trends	88
7.2	Datenverfügbarkeit	90
7.3	Unterstützungspotenzial	91
7.4	Schlussbemerkung und Ausblick	93
Anhang		97
Literatur		107

Abbildungsverzeichnis

Abb. 3.1	Dimensionen der Lebensform Alleinerziehend, Elternperspektive	23
Abb. 3.2	Risikoraum des Alleinerziehens	26
Abb. 4.1	Der Risikoraum des Alleinerziehens und die Absicherung von Risikotypen im Wohlfahrtsstaat	41
Abb. 5.1	Verteilung Alleinerziehender mit Kleinkindern und Frühförderungspolitik in 13 europäischen Ländern, 2000er Jahre	54
Abb. 5.2	Logarithmiertes Haushaltsnettoeinkommen bei Übergang ins Alleinerziehen vor und nach der Elternzeit- und Elterngeldreform nach Alter des jüngsten Kindes.	59
Abb. 5.3	Geschätzte relative Einkommensposition nach Art des Übergangs ins Alleinerziehen vor und nach der Elternzeit- und Elterngeldreform	60
Abb. 6.1	Unterschiede in der Kontakthäufigkeit mit Familienangehörigen zwischen Alleinerziehenden und Müttern in Partnerschaft in Ost- und Westdeutschland	75
Abb. 6.2	Unterschiede in der Kontakthäufigkeit mit Freunden und Bekannten zwischen Alleinerziehenden und Müttern in Partnerschaft in Ost- und Westdeutschland	76
Abb. 6.3	Geschätzte Kontakthäufigkeit mit Familienangehörigen im Zeitverlauf	77
Abb. 6.4	Geschätzte Kontakthäufigkeit mit Freunden im Zeitverlauf	78

Abb. 6.5 Effekte des Alleinerziehens auf die Kontakthäufigkeit mit
Familienangehörigen und Freunden...................... 80

Abb. 6.6 Kontakthäufigkeit mit Familie während des
Alleinerziehens nach Familienstand...................... 82

Abb. 6.7 Kontakthäufigkeit mit Freunden während des
Alleinerziehens nach Familienstand...................... 83

Tabellenverzeichnis

Tab. 4.1	Wohlfahrtsstaatliche Regelungen nach Risikotypen	42
Tab. 5.1	Deskriptive Statistiken der Stichproben vor und nach der Reform 2007, in Prozent	56
Tab. 6.1	Deskriptive Statistik zur Stichprobe nach Wohnort in Ost- und Westdeutschland	74
Tab. A.1	Veränderung der relativen Einkommensposition bei Übergang ins Alleinerziehenvor und nach der Elternzeit- und Elterngeldreform (Fixed-Effects Regressionen)	97
Tab. A.2	Relative logarithmierte Einkommensposition nach Familienstand während desAlleinerziehens	99
Tab. A.3	Lineare Regression der Kontakthäufigkeit mit Familienangehörigen vor undnach dem Übergang ins Alleinerziehen	100
Tab. A.4	Lineare Regression der Kontakthäufigkeit mit Freunden und Bekannten vor undnach dem Übergang ins Alleinerziehen	101
Tab. A.5	Fixed-Effects Regressionen der Kontakthäufigkeit mit Familienangehörigen undFreunden und Bekannten in Ost- und Westdeutschland	102
Tab. A.6	Kontakthäufigkeit mit Familienangehörigen nach Familienstand in Ost- und Westdeutschland	104
Tab. A.7	Kontakthäufigkeit mit Freunden nach Familienstand in Ost- und Westdeutschland	105

Einleitung 1

Alleinerziehen, das heißt das Zusammenleben einer Person mit ihren minderjährigen Kindern aber ohne Lebenspartner, ist ein soziales Phänomen mit besonderer gesellschaftlicher Relevanz, da ein großer und wachsender Anteil Personen in postindustriellen Gesellschaften direkte persönliche Erfahrungen damit macht. Heute werden Ehen häufiger geschieden, nicht eheliche Partnerschaften häufiger getrennt und es gibt mehr außereheliche Geburten. Im Ergebnis wachsen heute insgesamt mehr Kinder bevor sie das Jugendalter erreichen, zumindest für eine Zeit lang, mit nur einem Elternteil auf, als noch in den 1980er Jahren (Härkönen et al. 2017). Alleinerziehen gehört zunehmend zur gelebten Familienwirklichkeit in den Gesellschaften der reichen Länder Westeuropas und Nordamerikas (OECD 2017). Mit der wachsenden Größe der Gruppe derer, die eine Phase ihres Lebens als alleinerziehendes Elternteil oder als Kind eines alleinerziehenden Elternteils verbringen, pluralisieren sich auch die Erfahrungen mit der Familienform. Das vorliegende Buch befasst sich damit, wie die hohe und steigende Pluralität der Wirklichkeiten des Alleinerziehens konzeptualisiert und quantitativ untersucht werden können. Dies wird als Voraussetzung dafür gesehen, Ereigniskonstellationen mit positiven, neutralen und negativen Auswirkungen für die Familien zu unterscheiden, und Unterstützungsleistungen entsprechend zu definieren. Obwohl der Fokus in der Diskussion sonst häufig auf den Kindern liegt, und heute durchschnittlich ein Anteil von 10 % der alleinerziehenden Eltern in Deutschland Väter sind, liegt der Schwerpunkt in diesem Buch auf den Müttern.

Alleinerziehen ist sowohl ein individuelles als auch ein gesellschaftliches Phänomen. Auf der individuellen Ebene betrifft es direkt Eltern und Kinder in ihren sozialen und ökonomischen Kontexten. Auf der gesellschaftlichen Ebene stellt Alleinerziehen eine der vielfältigen, gelebten Familienformen dar. Die zahlenmäßig an Bedeutung gewinnende Familienform Alleinerziehen schafft ökonomische

Realitäten der Haushalte und trägt zur makrostrukturellen Verteilung von Ressourcen bei (Kollmeyer 2013). In beiderlei Hinsicht erlangt Alleinerziehen die Aufmerksamkeit der Sozialpolitik. Die ökonomische Unsicherheit Alleinerziehender und ihrer Kinder soll vermindert werden, um die einzelnen betroffenen Individuen zu schützen und um den Anstieg von Ungleichheit in der Gesellschaft abzumildern. In der öffentlichen Debatte wird Alleinerziehen häufig als gesellschaftliches Problem diskutiert. Die Tendenz, alleinerziehende Mütter für soziale Missstände verantwortlich zu machen, hat vor allem in angelsächsischen Ländern Tradition (zum Beispiel Conway 2010; Sky News 2011). In Deutschland hat die öffentliche Diskussion einen weniger maßregelnden Anstrich, sondern betont die Schicksalshaftigkeit der Situation (zum Beispiel Hank 2010). Gleichzeitig scheint die gesellschaftliche Akzeptanz gegenüber alternativen Lebensformen, und damit auch gegenüber Alleinerziehenden insgesamt zu wachsen. Oft ist auch politisch die Bereitschaft da, über die Ausweitung von Leistungen zur Unterstützung von Alleinerziehenden nachzudenken (EU Commission 2015).

In der öffentlichen Diskussion wird Alleinerziehen meist als Familientyp mit der Zweielternfamilie verglichen. Auch in der sozialwissenschaftlichen Forschung zu Lebensbedingungen von Familien ist dieser Vergleich üblich. Der Vergleich der Lebensbedingungen zwischen den Gruppen zeigt, dass Familien mit nur einem Elternteil im Durchschnitt sozial und ökonomisch benachteiligt sind. Zwei Erklärungen für diesen Befund stehen sich gegenüber. Einerseits ist es möglich, dass Alleinerziehen einen ursächlichen negativen Effekt hat, also aufgrund seiner spezifischen Eigenschaften zur relativen Benachteiligung der Familienmitglieder führt. Zum Beispiel obliegt der alleinerziehenden Person die alleinige Aufgabe der Alltagsorganisation, sie ist der erste Anlaufpunkt für die Belange der Kinder und hat keinen anwesenden Lebenspartner für unmittelbare soziale und psychische Unterstützung. Andererseits kann es sein, dass die beobachteten Zusammenhänge Unterschiede abbilden, die bereits vor dem Eintritt in die Familiensituation bestanden. Die beiden Erklärungen, die in Anlehnung an Stanley et al. (2006) als *Erfahrung* und *Selektion* bezeichnet werden können, erhalten beide Unterstützung durch empirische Studien. Es ist wahrscheinlich, dass sie sich nicht vollends ausschließen (vgl. McLanahan und Percheski 2008; Härkönen et al. 2017).

Die Motivation für den Vergleich von Alleinerziehenden und Zweielternfamilien reflektiert mindestens zwei gesellschaftliche Themen. Auf der einen Seite spiegelt sich darin die Sorge um die ungewollten Folgen der Veränderungen von Familienstrukturen für Eltern und die heranwachsende Generation (Beck-Gernsheim 2002). Diese intergenerationale Perspektive wird in der Soziologie als die Reproduktion von Ungleichheiten diskutiert. Die mangelnden sozialen, ökonomischen und kulturellen

1 Einleitung

Ressourcen führten dazu, dass die Entwicklung und Leistungen der Kinder Alleinerziehender hinter denen aus Zweielternfamilien zurückstünden, und sich damit die Ungleichheiten in ihrer Generation wiederholten (McLanahan und Percheski 2008). Auf der anderen Seite besteht der Wunsch, Unterstützungspotenziale für die Sozialpolitik zu identifizieren, Ungleichheiten aufzudecken und entgegenzuwirken. Beide Themen haben in der Forschung zu Alleinerziehenden hinreichende Aufmerksamkeit erhalten.

In diesem Buch werde ich argumentieren, dass zum tiefer gehenden Verständnis der sozialen und ökonomischen Bedingungen, in denen Alleinerziehende leben, die heterogenen Kontexte der Familienform stärkere Beachtung finden müssen. Eine zentrale Beobachtung aus der bisherigen Forschung ist, dass der Gruppenvergleich zwischen Alleinerziehenden und der Zweielternfamilie auf verschiedenen Ebenen zu kurz greift. Diese Feststellung wird in der vorliegenden Studie anhand von drei Hauptargumenten ausgeführt, die sich wie folgt zusammenfassen lassen. *Erstens* kann Alleinerziehen als eine heterogene Lebensform konzeptualisiert werden, die durch unterschiedliche familiale Übergänge im Lebensverlauf entsteht, und über die Kombination zweier Arten von Beziehungsformen, den Partnerschafts- und Elternschaftsbeziehungen, sowie dem Timing im Lebensverlauf gekennzeichnet ist. Alleinerziehen ist nicht nur das Ergebnis von Trennungen nicht ehelicher und Scheidungen ehelicher Lebensgemeinschaften, sondern auch Konsequenz des Versterbens eines Elternteils sowie Folge von Geburten oder (in seltenen Fällen) Adoptionen alleinstehender Frauen. *Zweitens* sind die verschiedenen familialen Übergänge, aus denen Alleinerziehen entsteht, mit unterschiedlichen sozialen Risiken verbunden. *Drittens* sind die heterogenen Lebensbedingungen von den vorherrschenden historisch-geografischen und institutionellen Kontexten beeinflusst.

Im folgenden Kapitel wird zunächst der Forschungsstand zu den Lebensbedingungen Alleinerziehender dargestellt (Kap. 2). Anschließend zeichne ich einige häufig angelegte Definitionen des Alleinerziehens nach und verorte sie in ihren jeweiligen Anwendungsbereichen (Abschn. 3.1). Im Anschluss wird aufbauend auf Prinzipien der Lebensverlaufssoziologie eine eigene Konzeptualisierung des Alleinerziehens in mikrostrukturellen Kontexten vorgeschlagen (Abschn. 3.2). In Kap. 4 erweitere ich die Perspektive um die makrostrukturelle Ebene. Hier wird zunächst in einem Exkurs auf die Bedeutung der historisch-geografischen Kontexte hingewiesen, in denen sich Lebensverläufe entfalten (Abschn. 4.1). Nach der Auswertung der bisherigen wissenschaftlichen Diskussion um Alleinerziehen im Wohlfahrtsstaat (Abschn. 4.2) und um die Beziehung zwischen Lebensverlauf und Wohlfahrtsstaat (Abschn. 4.3) wird in der Synthese der Perspektiven ein Ansatz der Risikotypen des Alleinerziehens im Kontext des Wohlfahrtsstaats entworfen

(Abschn. 4.4). Das Kapitel schließt mit einer Diskussion um die Bedingungen und Grenzen der empirischen Abbildung von Alleinerziehen als Lebensverlaufsphänomen im Wohlfahrtsstaat (Abschn. 4.5). Es folgen zwei Kapitel, in denen einzelne Aspekte des vorgeschlagenen Ansatzes empirisch umgesetzt werden. Hier leistet das Buch vor allem mit der Betrachtung zweier Dimensionen von Wohlbefinden Alleinerziehender einen Beitrag zur bisherigen Forschung. Kap. 5 befasst sich mit den ökonomischen Auswirkungen des Alleinerziehens in Abhängigkeit des Timings im Lebensverlauf im Kontext der Elternzeit- und Elterngeldreform in Deutschland von 2007. Kap. 6 untersucht die soziale Integration Alleinerziehender in Ost- und Westdeutschland nach unterschiedlichen mikrostrukturellen Kontexten des Alleinerziehens. In Kap. 7 fasse ich die Erkenntnisse aus den empirischen Analysen im Lichte der vorgeschlagenen Konzeptualisierung des Alleinerziehens zusammen.

Lebensbedingungen Alleinerziehender 2

2.1 Forschungsstand

Wie oben angesprochen zeigt die bisherige Forschung negative Konsequenzen des Alleinerziehens für den sozioökonomischen Status und das Wohlbefinden sowohl von Müttern als auch von ihren Kindern. In diesem Abschnitt wird ein Überblick über die Befunde aus der Literatur hinsichtlich der Position von Alleinerziehenden gegeben. Die Frage nach der intergenerationalen Reproduktion von Ungleichheiten über Familienstrukturen wird in der Literatur ausgiebig diskutiert. Deshalb werden an dieser Stelle zunächst zentrale Aspekte der kindzentrierten Perspektive kurz zusammengefasst, bevor dann die Forschung zu den sozialen und ökonomischen Auswirkungen auf die Mütter in den Blick genommen wird

Empirische Studien deuten darauf hin, dass Kinder von Alleinerziehenden auf verschiedenen Leistungs- und Entwicklungsindikatoren weniger gut abschneiden als Kinder in Zweielternfamilien.[1] Es zeigt sich für alle OECD und ähnlichen Länder, dass Kinder, die mit einem alleinerziehenden Elternteil leben, durchschnittlich einem höheren Armutsrisiko ausgesetzt sind, als Kinder in Zweielternfamilien (Chzhen und Bradshaw 2012; OECD 2016). Auch bei Kontrolle des sozioökonomischen Status der Eltern scheinen Unterschiede zwischen Kindern mit einem oder zwei Elternteilen bestehen zu bleiben. Eins der Ereignisse, die ins Alleinerziehen führen, hat in diesem Forschungsfeld besonders viel Aufmerksamkeit erhalten: die elterliche Trennung. Zahlreiche Studien zeigen, dass

---

[1] Häufig dienen verheiratete Eltern als Vergleichsgruppe. Dies ist nicht zuletzt der Verfügbarkeit von Informationen zu nicht ehelichen Lebensgemeinschaften bzw. Stieffamilien geschuldet (vgl. Kreyenfeld et al. 2016).

© Springer Fachmedien Wiesbaden GmbH 2018
H. Zagel, *Alleinerziehen im Lebensverlauf*,
https://doi.org/10.1007/978-3-658-20051-0_2

die Trennung der Eltern dazu führt, dass Kinder in Bezug auf schulische Leistungen oder nichtkognitive Entwicklung schlechter abschneiden, als Kinder, die keine Trennung erleben (Dronkers 1994; McLanahan und Sandefur 1994; Thomson et al. 1994; Amato 2001, 2005; McLanahan und Percheski 2008). Die Frage, inwiefern diese Zusammenhänge kausale Wirkungsmechanismen abbilden, bleibt jedoch häufig offen (Carlson und England 2011). Oft lassen die in den Studien verwendeten Daten und Methoden keinen Rückschluss darauf zu, ob die aufgedeckten Zusammenhänge tatsächlich ursächlich sind, oder ob sie sich durch bereits vor der Trennung bestehende Probleme im Umfeld erklären lassen. Elterliche Konflikte sind ein wichtiger Störfaktor (Amato 2002; Musick und Meier 2010). In einigen Studien verschwinden die negativen Effekte der elterlichen Trennung auf das Wohlbefinden der Kinder auch unter Berücksichtigung der sozioökonomischen Lage der Eltern (z. B. McMunn et al. 2001; Ginther und Pollak 2004). Die Forschung in diesem Bereich ist jedoch in den letzten Jahren zunehmend fortgeschritten. Insgesamt besteht relative Einigkeit darüber, dass die elterliche Trennung einen schwachen bis mittleren negativen Effekt auf das Wohlbefinden von Kindern haben kann (Härkönen et al. 2017). Gleichwohl ist weniger darüber bekannt, wie sich unterschiedliche Auswirkungen der elterlichen Trennung auf Kinder erklären lassen. Es gibt Hinweise darauf, dass der Zeitpunkt der Trennung, elterliche Konflikte vor der Trennung sowie die sozioökonomische Position der Eltern eine Rolle spielen (Härkönen et al. 2017). Überdies bleibt die Trennung der elterlichen Partnerschaft nur einer der Wege, die ins Alleinerziehen führen. Die Unterschiede zu Kindern, die das Alleinerziehen nicht durch eine Trennung erleben, sind kaum bekannt (siehe Biblarz und Gottainer 2000 im Vergleich mit Kindern verwitweter Mütter).

Die Literatur zum Wohlbefinden alleinerziehender Mütter im Vergleich mit Müttern in Partnerschaft ist ebenso reichhaltig wie die zu den Implikationen für die Kinder. Häufig betrachtete Dimensionen sind Erwerbsarbeit, Einkommen und Gesundheit. In Bezug auf die Erwerbsarbeit alleinerziehender Mütter zeigt sich zwar im durchschnittlichen Vergleich, dass die Erwerbsbeteiligung von Alleinerziehenden insgesamt in den meisten Ländern unter dem Niveau der Mütter in Partnerschaft liegt (OECD 2016). Allerdings unterscheiden sich die Länder darin, inwiefern dieser Zusammenhang für Mütter mit Kindern unterschiedlicher Altersgruppen und für Mütter unterschiedlichen Bildungsniveaus bestehen bleibt (OECD 2012, 2016). Zudem zeigen Analysen der individuellen Erwerbsübergänge für Deutschland und die USA, dass Alleinerziehende sich hinsichtlich des Austritts aus der Erwerbsarbeit nicht von Müttern in Partnerschaft unterscheiden und sogar häufiger Erwerbsarbeit aufnehmen (Drobnič 2000). In Großbritannien

2.1 Forschungsstand

ist die Erwerbslosigkeit von Alleinerziehenden allerdings besonders augenscheinlich und persistent (Gregg und Harkness 2003).

Als Erklärung für solche Länderunterschiede wird häufig angeführt, dass sich die Berücksichtigung von Alleinerziehenden in den sozialen Sicherungssystemen stark unterscheidet. So hatte Großbritannien seit den späten 1980er Jahren eine vergleichsweise großzügige Regelung was die Dauer (nicht der Höhe) des Bezugs von Sozialleistungen für Alleinerziehende angeht: bis 2008 standen den Müttern Sozialleistungen zu, bis das jüngste Kind das 16. Lebensjahr erreicht hatte. Der Anreiz eine Erwerbsarbeit aufzunehmen sei demzufolge insbesondere bei niedrig verdienenden Müttern gering gewesen. Auch das britische marktbasierte Betreuungsangebot für Kinder unter drei Jahren, das mit relativ hohen individuellen Kosten einer geht (Jenkins und Symons 2001; Viitanen 2005), und die wenig generösen Elternzeitregelungen (Ciccia und Verloo 2012) können als Erklärungsfaktoren für schwache Arbeitsmarktbeteiligung von Alleinerziehenden in Großbritannien angeführt werden.

Der Kontext, in dem Alleinerziehen erlebt wird, ist also ein wichtiger Faktor bei der Frage nach den Auswirkungen für Mütter und Kinder. Diesen Erkenntnissen zum Trotz demonstriert Harkness (2016) anhand britischer Daten, dass Alleinerziehen über den negativen Effekt des Übergangs in die Mutterschaft hinaus keinen zusätzlichen Effekt auf die Arbeitsmarktintegration hat. Inwiefern dieses Ergebnis, das ein neues Licht auf die Frage der Ursächlichkeit des Alleinerziehens für soziale Benachteiligung wirft, auch für andere Lebensbereiche und in anderen Ländern gilt, ist bisher nicht untersucht worden. Es bleibt auch unklar, ob bestimmte Wege ins Alleinerziehen größere Barrieren für die Erwerbsarbeit darstellen als andere. Ist es zum Beispiel mit größeren Schwierigkeiten verbunden, einer Erwerbsarbeit nachzugehen, wenn eine Frau ohne einen Partner ein Kind bekommt, als wenn sie sich scheiden lässt? Hinzu kommt, dass Alleinerziehende häufig, trotz Erwerbsarbeit, in ökonomischer Unsicherheit leben (vgl. Nieuwenhuis und Maldonado 2018). Wie in Bezug auf die Position von Kindern bereits angemerkt zeigen vergleichende Statistiken zur ökonomischen Situation alleinerziehender Mütter, dass Alleinerziehende allgemein ein höheres Armutsrisiko haben als Mütter in Partnerschaft (OECD 2016). Dies erhöhte Risiko Alleinerziehender im Vergleich mit Müttern in Partnerschaft scheint sozialpolitisch insbesondere durch universelle Sozialleistungen (Brady und Burroway 2012), großzügige Vereinbarkeitspolitiken (Maldonado und Nieuwenhuis 2015) sowie durch gezielte Transfers für Kinder (Van Lancker et al. 2015) vermindert zu werden. Ob diese Befunde für alle Alleinerziehenden gleichermaßen gelten, oder ob bestimmte Wege ins Alleinerziehen besser abgesichert sind, ist bisher nicht theoretisch ausgeführt oder empirisch untersucht worden.

Die Forschung zur Gesundheit von Alleinerziehenden im Vergleich mit Müttern in Partnerschaft zeigt, dass Alleinerziehende insgesamt ein höheres Gesundheitsrisiko haben. Der Zusammenhang variiert jedoch sowohl für verschiedene Aspekte des Gesundheitsbefindens, als auch zwischen Ländern. Hancioglu (2015) untersucht beispielsweise einerseits die subjektive Gesundheit und andererseits das Wohlbefinden von Müttern in Deutschland, die einen Übergang ins Alleinerziehen erleben. Sie stellt fest, dass beide Gesundheitsdimensionen durch den Übergang ins Alleinerziehen negativ beeinflusst werden, dass sich aber das Wohlbefinden wieder ‚erholt', während die subjektive Gesundheit mit der Dauer des Alleinerziehens weiter abnimmt. Da hier eine Längsschnittperspektive eingenommen und längere Zeiträume sowie Übergänge mit entsprechenden Methoden betrachtet werden, ist es besser möglich, von Alleinerziehen als Ursache zu sprechen. Eine Vorselektion von Müttern, die wegen schlechterer Gesundheit eine Trennung erleben kann dennoch nicht ausgeschlossen werden. Van de Velde et al. (2014) finden Ländervarianz in den Unterschieden der subjektiven Gesundheit zwischen Alleinerziehenden und Müttern in Partnerschaft. Neben der generell niedrigeren Bewertung durch Alleinerziehende zeigt sich, dass sie besonders in angelsächsischen Ländern eine erhöhte Wahrscheinlichkeit haben, ihre generelle Gesundheit schlechter einzuschätzen als Mütter in Partnerschaft sowie dass der Unterschied für depressive Gefühle in Kontinentaleuropa größer ist (Van de Velde et al. 2014). Berkman et al. (2015) nutzen retrospektive Längsschnittdaten und den Ländervergleich, um zu untersuchen, ob Alleinerziehen längerfristige Effekte auf die subjektive Gesundheit und auf Einschränkungen im täglichen Leben hat. Sie finden, dass negative Effekte auf die Gesundheit zwar auch über Ländergrenzen hinweg in den USA und Europa bestehen, diese sich aber in ihrer Stärke unterscheiden. Mütter, die alleinerziehend wurden als sie unter 20 Jahre alt waren und solche, die acht Jahre oder länger alleinerziehend blieben, hatten das höchste Risiko der Einschränkungen des täglichen Lebens. Am höchsten war das Risiko für Mütter in England und in Skandinavien und am niedrigsten in osteuropäischen Ländern.

Länderunterschiede im Zusammenhang von Alleinerziehen und Wohlbefinden werden üblicherweise mit wohlfahrtsstaatlicher Ausgestaltung erklärt. Direkte Gesundheitseffekte vom Wohlfahrtsstaat auf die Gesundheit von Alleinerziehenden liegen allerdings nicht auf der Hand. Einer der diskutierten Mechanismen ist der über Erwerbsarbeit vermittelte. Allgemein kann von einem positiven Zusammenhang zwischen Erwerbsbeteiligung und dem Gesundheitsstatus ausgegangen werden (Huber et al. 2011). Für Alleinerziehende in Großbritannien zeigt Harkness (2015), dass sie in Bezug auf ihre Gesundheit von den britischen arbeitsfördernden Reformen profitierten, während der positive Effekt für Mütter in Partnerschaft nur eingeschränkt zu beobachten ist. Eine Studie der subjektiven Lebensqualität von Alleinerziehenden in arbeitsfördernden Maßnahmen in Australien hingegen berichtet von schlechterer Bewertung der Gesundheit im Vergleich zur Gesamtbevölkerung (Cook et al. 2009). Auch Struffolino et al. (2016) finden keinen positiven Effekt von Erwerbsbeteiligung auf subjektive Gesundheit für alleinerziehende Mütter in der Schweiz. Selektionseffekte können in keiner der besprochenen Studien ausgeschlossen werden (vgl. Berkman et al. 2015). Die Wahrscheinlichkeit der Trennung oder der Geburt außerhalb von einer Partnerschaft könnte beispielsweise bei Personen mit größeren Gesundheitsrisiken höher sein, als bei solchen mit geringeren Risiken. Es ist zudem nicht unwahrscheinlich, dass Mütter mit höherem Gesundheitsrisiko seltener einer Erwerbstätigkeit nachgehen. Struffolino et al. (2016) sprechen entsprechend von der Möglichkeit eines „two-way selection process" (S. 205), der nur unter Einbezug von üppigen Längsschnittdaten entschlüsselt werden könnte. Zudem besteht auch beim Thema Gesundheit die Frage nach den möglichen Unterschieden zwischen Alleinerziehenden die eine Trennung, eine Scheidung, eine außerpartnerschaftliche Geburt oder Verwitwung erleben.

2.2 Heterogenität des Alleinerziehens

Das Kernargument dieses Buches ist, dass zum tiefer gehenden Verständnis der Lebensbedingungen Alleinerziehender die heterogenen Kontexte der Familienform stärkere Beachtung finden müssen. Wie oben dargestellt greift der Gruppenvergleich zwischen Alleinerziehenden und der Zweielternfamilie, der die bisherige Forschung dominiert, auf verschiedenen Ebenen zu kurz. Die Theorieentwicklung in diesem Bereich hinkt der methodischen Entwicklung sowie der empirischen Deskription von Familiendynamiken in den wohlhabenden Gesellschaften hinterher. Die konzeptuelle Perspektive von Alleinerziehenden als Vergleichsgruppe zur Zweielternfamilie verstellt einerseits den Blick auf die Vielfalt an Lebensformen, die sich mit Blick auf die Sozialstruktur in den Gesellschaften zunehmend entfaltet und auch abbilden lässt. Zum zweiten vernachlässigt der Gruppenvergleich die zeitlichen Dynamiken, die sich in den individuellen Familienverläufen über die Zeit entfalten.

Generell ist mit dem Gruppenvergleich die Annahme verbunden, dass sich Personen innerhalb der Gruppen untereinander ähnlicher sind als zwischen den Gruppen (Solga et al. 2013). Empirische Befunde der Familienforschung weisen jedoch darauf hin, dass diese Annahme für Alleinerziehende so nicht hält und der Gruppenvergleich lediglich einen begrenzten Blick auf die Familienstrukturen bietet (Skew 2009; Ott et al. 2012; Hancioglu und Hartmann 2013; Hancioglu 2015; Bastin 2016). Das Missachten von Intragruppenheterogenität kann überdies relevant dafür sein, die Zusammenhänge von Familienstruktur und Ungleichheit richtig einzuschätzen. Vielmehr als zwischen statischen Familientypen scheinen Ungleichheiten zwischen Familien im Spannungsfeld von Vielfalt und Stabilität zu entstehen (Thomson et al. 1994; Thomson und McLanahan 2012). *Vielfalt* steht dabei für die Summe der möglichen Familienkonstellationen, die mit den Kategorien Alleinerziehende und Eltern in Partnerschaft nur unzulänglich abgebildet sind und innerhalb derer sich weit komplexere Muster der Ressourcenverteilung abbilden lassen (Cohen 2015). Die Aufschlüsselung der Kategorien Alleinerziehende und Eltern in Partnerschaft in kleinere Einheiten kann empirisch unterschiedliche Tatbestände hervorbringen. Zum einen können besonders benachteiligte Subgruppen innerhalb der Oberkategorien identifiziert werden. Zum Beispiel könnten innerhalb der Kategorie der Alleinerziehenden die Frauen, die alleinstehend ein Kind bekommen, sozioökonomisch besonders schlecht dastehen. Dies gilt auch für den Fall, dass bestimmte Untergruppen von Zweielternfamilien eine ähnlich nachteilige sozioökonomische Position haben wie Alleinerziehende. Zum anderen könnte sich das Gegenteil zeigen: dass etwa alle Subgruppen Alleinerziehender im Vergleich mit der durchschnittlichen Zweielternfamilie ähnlich benachteiligt sind. *Stabilität* markiert eine Dimension der jeweiligen Familienkonstellationen, die sowohl qualitativ als auch quantitativ beschrieben werden kann. Der *Family Stress Theory* zufolge ist Instabilität in Form von häufigen Wechseln in familialen Beziehungsmustern meist mit negativen Folgen assoziiert (Amato 2000; Teachman 2003; Sweeney 2010). Allerdings kann im Umkehrschluss nicht davon ausgegangen werden, dass sich Familienstabilität ausschließlich positiv auswirkt. Dies lässt sich am Beispiel des Wohlbefindens von Kindern in stabilen Familien gezeigt werden, in denen ein hohes Konfliktniveau herrscht (Musick und Meier 2010; Härkönen et al. 2017). Zusammengenommen entwickeln sich also Ungleichheiten zwischen Familien in vielfältigen Entstehungskontexten, die über die Zeit veränderlich sind. Insgesamt sind Vielfalt und Stabilität damit hilfreiche konzeptuelle Dimensionen, anhand derer sich die ungleiche Verteilung von Ressourcen zwischen Familien untersuchen lassen.

In der Forschung zur demografischen Entwicklung, die Alleinerziehen als eine der Folgen moderner Lebensführung hervorhebt, spielen die Dimensionen von Vielfalt und Stabilität eine zentrale Rolle. Demografen und Lebensverlaufssoziologen bieten zur Beschreibung der Dimensionen von Diversität und (In)Stabilität auf der Makroebene einen Strauß an Konzepten an. Oft werden Begriffe wie Individualisierung (Beck und Beck-Gernsheim 2001), Pluralisierung (Peuckert 1996), Deinstitutionalisierung (Kohli 1985, 2003) und Differenzierung (Mayer 1991)

2.2 Heterogenität des Alleinerziehens

von Lebens- und Familienverläufen austauschbar verwendet. Die theoretische und empirische Auseinandersetzung mit den Konzepten zeigt jedoch die konzeptuellen Eigenheiten auf und, dass sich dahinter unterschiedliche sozialstrukturelle Makrotrends verbergen. Huninik und Wagner (1998) demonstrieren zum Beispiel, dass Individualisierung von Lebensentwürfen nicht unbedingt eine Pluralisierung von Familienformen mit sich bringt. Brückner und Mayer (2005) entwickeln die Unterscheidung zwischen Differenzierung auf der einen Seite, die sich auf die steigende Vielfalt innerhalb individueller Lebensverläufe bezieht, und Destandardisierung, die auf wachsende Vielfalt zwischen Lebensverläufen innerhalb einer Gesellschaft hinweist. Die in den Makrokonzepten angelegten Annahmen zu gesellschaftstheoretischen Entwicklungen lassen sich allerdings nur schwer empirisch überprüfen. Van Winkle (2018) ist eine seltene Ausnahme darin zu zeigen, dass sich Familienverläufe in Europa zwischen Kohorten ausdifferenziert haben. Für eine solche Analyse müssen sowohl historische Zeit als auch individuelle Lebenszeit berücksichtigt werden.

Zeit spielt für das Spannungsfeld zwischen Vielfalt und Stabilität von Familie auf der Mikroebene in dreierlei Hinsicht eine Rolle: Erstens im Sinne des Zeitpunkts von Familienereignissen wie Geburten oder Trennungen im Lebensverlauf (wann), zweitens hinsichtlich des Verweilens in bestimmten Familienkonstellationen (wie lange), und drittens in Bezug auf die Häufigkeit der Wechsel (wie oft). Nur über die systematische Erfassung der zeitlichen Dimension des Familienlebens wird es möglich zu identifizieren, ob es sich bei den beobachteten Gruppenunterschieden zwischen Alleinerziehenden und Eltern in Partnerschaft um soziale Selektion, Eigenschaften der Gruppenkomposition oder tatsächliche Folgen von familialen Prozessen handelt (vgl. Huinink und Feldhaus 2009). Mindestens zwei weitere Argumente sprechen für den Einbezug der zeitlichen Dimension in der Konzeptualisierung von Familie. Zum einen, und dies ist die konzeptuelle Brücke zu den oben besprochenen Makrokonzepten, können bestimmte familiendemografische Entwicklungen nur verstanden werden, wenn auch Trends des Aufschubs, der Ausdehnung oder Verkürzung bestimmter Übergänge und Lebensphasen einbezogen werden (Konietzka und Kreyenfeld 2013). In Bezug auf das Alleinerziehen heißt dies beispielsweise, dass die wachsenden Anteile von Alleinerziehendenhaushalten, die sich international auf der aggregierten Ebene beobachten lassen (vgl. OECD 2011), unterschiedliche Tatsachen des strukturellen Wandels von Familienleben abbilden können. Die einzelnen Bestandteile dieses Wandels lassen sich nur unter Einbezug der zeitlichen Dimension aufdecken (vgl. Bernardi und Mortelmans 2017). Hinter dem in Querschnitten gemessenen Anstieg des Anteils von Alleinerziehenden an allen Haushalten eines Landes kann sich etwa verbergen, dass immer mehr Kinder nach der Trennung ihrer Eltern oder nach Geburten außerhalb von

Partnerschaften dauerhaft mit nur einem Elternteil aufwachsen. Es könnten aber auch verbreitet auftretende kurze Phasen des Alleinerziehens für den Trend verantwortlich sein. Ein zweiter Vorzug des Einbezugs der zeitlichen Dimension betrifft eher die mikrosoziologische Perspektive. Es wird ermöglicht, familiäre Prozesse systematisch zu erfassen und Unterschiede innerhalb der „Gruppe" Alleinerziehender aufzudecken (Ermisch und Francesconi 2000; vgl. Bastin 2016). Im Folgenden wird die zeitliche Dimension des Alleinerziehens im Lebensverlauf als Timing des Alleinerziehens einbezogen.

Die begrenzte Aussagekraft des Gruppenvergleichs zwischen Alleinerziehenden und Eltern in Partnerschaft bezieht sich auch auf die Bewertung des Einflusses makrostruktureller Bedingungen auf das sozial und ökonomische Wohlbefinden von Alleinerziehenden. Im Kontext der Lebensverlaufsoziologie wurde der Einfluss sowohl von historischen, soziokulturellen Bedingungen als auch von den institutionellen Kontexten, insbesondere der Ausgestaltung der Wohlfahrtsstaaten hervorgehoben (Elder et al. 2003; Mayer 2004). Die empirische ländervergleichende Lebensverlaufsforschung bestätigt, dass Makrokontexte Familienverläufe wesentlich beeinflussen (z. B. Huinink et al. 2012; Fasang 2015; Aisenbrey und Fasang 2017; Raab 2017). Diese Forschung hat Alleinerziehende allerdings bisher kaum in den Blick genommen[2] und selten spezifische Charakteristika der wohlfahrtsstaatlichen Systeme als Einflussfaktoren untersucht. Vielmehr dient das Aufzeigen von Unterschieden in Familienverläufen im Länder- oder Kohortenvergleich an sich der Feststellung, dass Kontexte entscheidend sind. Auch wenn die Studien üblicherweise sorgfältig die theoretischen Mechanismen diskutieren, bleibt meist eine Modellierung der Makrokontexte aus.

Ein weiteres lebendiges Forschungsfeld stellt die Analyse der Auswirkungen sozial- und familienpolitischer Regelungen auf die Position von Alleinerziehenden im Gruppenvergleich mit Eltern in Partnerschaft dar. Diese Forschung nimmt kaum Bezug zur Vielfalt und Stabilität von Familienformen im Lebensverlauf. Wie oben angedeutet wurde, heben international vergleichende Studien häufig die Rolle der Wohlfahrtssysteme und insbesondere der Familienpolitik für die Länderunterschiede im Ausmaß der Benachteiligung Alleinerziehender im Vergleich mit Eltern in Partnerschaft hervor (Brady und Burroway 2012; Misra et al. 2012; Maldonado und Nieuwenhuis 2015). Der Gruppenvergleich liegt zunächst nahe, da sich Familien- und Sozialpolitik üblicherweise unter anderem an den

---

[2]Eine Ausnahme stellen einzelne vergleichende Beiträge zum Herausgeberband von Bernardi und Mortelmans (2017) dar.

2.2 Heterogenität des Alleinerziehens

Familienstrukturen orientiert. Leistungsansprüche werden beispielsweise davon abgeleitet, ob ein oder zwei Eltern mit den minderjährigen Kindern im Haushalt leben. Die vergleichende Forschung hat das Wissen über die Wirksamkeit der Absicherung von Alleinerziehenden in unterschiedlichen Wohlfahrtssystemen entschieden erweitert. Andererseits greift die Perspektive auf Alleinerziehende und Eltern in Partnerschaft darin zu kurz, dass die Folgen familienpolitischer Leistungen als einheitlich für die jeweilige Gruppe bedacht werden. Dies lässt insbesondere in Anbetracht der Vielfalt und zeitlichen Variabilität der Wege ins Alleinerziehen und dessen Dauer eine ungenaue Bewertung erwarten, da jeweils unterschiedliche Bedarfe entstehen. Zum Beispiel hat die Sozial- und Familienpolitik im Falle der Scheidung einer lang bestehenden Ehe, aus der mehrere Kinder hervorgingen, eine andere Funktion als im Falle der Geburt eines Kindes von einer alleinstehenden Frau. Der Institutionalisierungsgrad der Partnerschaft legt im ersten Fall in vielen Ländern die Grundlage für ein umfassenderes Recht auf finanzielle Absicherung, sei es durch den Ex-Partner oder die Ex-Partnerin oder den Staat. Die alleinstehende Mutter im zweiten Fall wird hingegen ein Anrecht auf Elternzeit oder Elterngeldzahlung haben, was im Fall der geschiedenen Mutter mit älteren Kindern nicht mehr unbedingt zutrifft.

Die drei Hauptargumente dieses Buches, die auf diesen Überlegungen aufbauen, erweitern beziehungsweise systematisieren die bisherige Perspektiven auf das Alleinerziehen: *Erstens* werde ich in Abgrenzung von statischen Definitionen Alleinerziehen als eine heterogene Lebensform konzeptualisieren, die durch unterschiedliche familiale Übergänge im Lebensverlauf entsteht, und insbesondere über die Kombination zweier Arten von Beziehungsformen, den Partnerschafts- und Elternschaftsbeziehungen, sowie dem Timing im Lebensverlauf gekennzeichnet ist. Die Bedeutung dieser Abgrenzung werde ich mit der Darstellung untermauern, dass *zweitens* die verschiedenen familialen Übergänge mit unterschiedlichen sozialen Risiken verbunden sind. Diese Konzeptualisierung impliziert die Erwartung, dass der Grad der Benachteiligung Alleinerziehender unterschiedlich hoch ist, je nachdem aus welchen Mikrokontexten die Lebensform entstanden ist. Für die Bestimmung dieser Unterschiede zwischen Alleinerziehenden werde ich *drittens* herausarbeiten, wie die historisch-geografischen und institutionellen Kontexte die Bedingungen beeinflussen, die sich aus verschiedenen familialen Übergängen ergeben. Die Darstellung des Einflusses der makrokontextuellen Bedingungen beinhaltet einerseits die Frage, wie die kulturellen Normen die Organisation des Familienlebens in der gegebenen Gesellschaft prägen, und welche familialen Praktiken vorherrschen und welche sozialen Netzwerke üblicherweise genutzt werden. Andererseits betrifft dies auch die konkreten Maßnahmen der sozialen Absicherung, wie zum Beispiel familien- oder arbeitsmarktpolitische Maßnahmen durch den Wohlfahrtsstaat oder die Gesetze zur Besteuerung von Haushalten und zu Unterhaltsregelungen.

Die Hauptaussage des vorliegenden Buches lässt sich demgemäß wie folgt zusammenfassen. Für die Bewertung der Lebensbedingungen Alleinerziehender gewinnt es zunehmend an Bedeutung, die Heterogenität der Ereignisse, die zum Alleinerziehen führen, und der jeweiligen assoziierten Risiken zu berücksichtigen. Die öffentliche Diskussion sowie der überwiegende Teil der bisherigen Forschung zum Alleinerziehen hat nicht berücksichtigt, ob und inwiefern sich die Lebensbedingungen Alleinerziehender nach den Kontexten individueller Familiendynamiken und makrostruktureller Bedingungen unterscheiden. Dies liegt zum einen an der eingeschränkten Konzeptualisierung Alleinerziehender, die sich vor allem an dem Vergleich mit Eltern in Partnerschaft ausgerichtet hat, und andererseits an der daran orientierten Art der Fragestellung für empirische Analysen. Die Folge ist, dass unser bisheriges Verständnis der Lebensbedingungen Alleinerziehender auf generalisierenden Annahmen beruht, die auf Gruppenzugehörigkeit basierende Zuschreibungen begünstigen und es erschweren, zielgerichtete Unterstützungsleistungen zu entwerfen.

Begriffsbestimmung 3

Das Bild von Alleinerziehen in Öffentlichkeit und Forschung wird von unterschiedlichen Definitionsansätzen geprägt. Diese sollen im Folgenden diskutiert werden. Die Abgrenzung des Begriffs ist besonders wichtig, da es keine einheitliche Definition von Alleinerziehen gibt. Was Alleinerziehen ist, wird also in jeder Studie und in jedem Kommentar von neuem bestimmt. Oft geschieht dies allerdings eher am Rande oder implizit. Es dominiert die Annahme, dass klar sei, was mit der Bezeichnung Alleinerziehende gemeint ist. Mit diesem Kapitel werde ich argumentieren, dass das eine Fehleinschätzung ist, und dies über eine Darstellung der Vielfalt einiger existierender Definitionen demonstrieren, die zu unterschiedlichen Zwecken angelegt werden. Bereits die sprachliche Bezeichnung kann konzeptuelle Bedeutung haben, die unbeachtet bleibt. Während es sich bei dem Begriff der *Alleinerziehenden* um die personengebundene Bezeichnung einer Gruppe handelt, beschreibt der Begriff des *Alleinerziehens* (oder *alleinerziehend* als Adjektiv) einen Status, eine Situation oder eine Handlungsweise, in den bzw. in die Personen ein- aber auch wieder austreten können. *Alleinerziehende* ist die allgemein weitaus überwiegend genutzte Bezeichnung[1], die sich auch mit der Konzeption als soziale Gruppe deckt, welche mit Zweielternfamilien im Vergleich betrachtet wird (siehe Einleitung). Das Alleinerziehen findet sich eher in der Konzeption der Lebensform wieder, die im zweiten Teil dieses Kapitels vorgestellt wird (vgl. Huinink und Konietzka 2007). Konzeptionen von Familienstruktur und Alleinerziehen können die Ergebnisse von empirischen Studien beeinflussen. Sie

---

[1] Die sprachliche Bezeichnung von Alleinerziehen ist auch im internationalen sowie im historischen Vergleich interessant. Im Englischen ist zum Beispiel historisch die Bezeichnung als *fatherless family* durch *lone parent* (UK) und *single parent* (USA) abgelöst worden.

© Springer Fachmedien Wiesbaden GmbH 2018
H. Zagel, *Alleinerziehen im Lebensverlauf,*
https://doi.org/10.1007/978-3-658-20051-0_3

stellen aber auch wichtige Grundlagen für die Definition von Leistungsberechtigung im Sozialstaat dar. Im Folgenden sollen deshalb zum einen einige Spezifika unterschiedlicher Definitionen von Alleinerziehen hervorgehoben, und zum anderen deren (mögliche) Konsequenz für die empirische Erfassung von Alleinerziehen dargestellt werden (Abschn. 3.1). Im zweiten Teil des Kapitels (Abschn. 3.2) werden Abgrenzungsmerkmale innerhalb der Lebensform Alleinerziehend diskutiert. Es wird argumentiert, dass diese einer umfassenden Analyse der Eigenschaften sowie der Folgen des Alleinerziehens für die beteiligten Personen zugrunde gelegt werden sollten.

3.1 Definitionsansätze

Zwar deckt sich die im Alltagsverständnis vorherrschende Vorstellung, dass es sich beim Alleinerziehen um eine strukturelle Beschreibung von Familie handelt, in der eine Elternperson mit mindestens einem Kind zusammenlebt, zu großen Teilen mit rechtlichen und wissenschaftlichen Definitionen. Es bestehen jedoch auch Unterschiede, die bisher noch wenig Beachtung gefunden haben.

3.1.1 Subjektive Definitionen

Ein möglicher Ansatz der Definition von Alleinerziehen geht von der subjektiven Einschätzung der eigenen Familiensituation aus. Im Vergleich mit anderen ‚objektiven' Definitionen könnten so einerseits alleinerziehende Eltern identifiziert werden, die strukturell als Paar eingeordnet werden würden, aber faktisch die Betreuungsarbeit der Kinder allein bewerkstelligen. Andererseits würden möglicherweise solche Eltern aus der Definition herausfallen, die nur mit ihren Kindern im Haushalt leben, ihre Situation aber nicht als Alleinerziehen definieren, da sie zum Beispiel viel Unterstützung durch das andere Elternteil oder andere Personen erhalten. Ergebnisse von Studien zu subjektiven Definitionen von Alleinerziehen ergeben, dass sich die strukturell als alleinerziehend kategorisierten Personen tatsächlich häufig nicht mit diesem Begriff identifizieren bzw. dass sie den Begriff nicht verwenden, um ihre Lebenssituation zu beschreiben (May 2004, 2010; BMFSFJ 2011). Mutterschaft oder die Rolle der berufstätigen Mutter können alternative Identifikationsschablonen sein. Mindestens drei Gründe scheinen für eine alternative subjektive Orientierung der strukturell als Alleinerziehenden definierten Mütter verantwortlich zu sein. Gegen die Verwendung des Begriffs zur Selbstbeschreibung sprechen erstens die sozialen Vorurteile, die mit dem Begriff assoziiert sind und denen sich die Personen ausgesetzt sehen (May 2004;

3.1 Definitionsansätze

BMFSFJ 2011). Als häufige Vorurteile, denen als Alleinerziehende kategorisierte Personen begegnen, nennen diese einerseits die zugeschriebene Unfähigkeit, eine stabile Paarbeziehung führen zu können; und andererseits, dass sie als Mitglied einer gesellschaftlichen Problemgruppe gesehen werden (May 2004; BMFSFJ 2011). Zweitens scheint der Begriff häufig nicht die tatsächliche Lebenssituation der Personen widerzuspiegeln. Dies ist zum einen der Fall, da sich die betroffenen Personen häufig nicht so einschätzen, als trügen sie die alleinige Verantwortung zur Erziehung ihrer Kinder (BMFSFJ 2011). Aber der Begriff kann auch als unzulänglich gelten, weil sich die Personen subjektiv nicht ausschließlich über ihre Familiensituation identifizieren, sondern beispielsweise auch über ihre Berufstätigkeit. Duncan und Edwards (1997a, b) diskutieren dies im Lichte sozialpolitischer Rechte, die üblicherweise entweder als ‚mother' oder als ‚worker' gewährt werden und plädieren normativ dafür, diese Unterscheidung so nicht zu treffen. Drittens scheint die Verwendung des Begriffs in einem öffentlichen Kontext für die bezeichneten Personen mit einer ungewünschten Offenbarung des privaten Lebensumstands einherzugehen (BMFSFJ 2011). Diesem Unbehagen gegenüber dem Begriff Alleinerziehende steht die ebenso von den so kategorisierten Personen getroffene Einschätzung gegenüber, dass er relativ „gut trifft, was er bezeichnen soll" (BMFSFJ 2011, S. 30), was zu seiner eher passiven oder selektiven Verwendung im Alltag führt (BMFSFJ 2011, S. 30). Subjektive Definitionen von Alleinerziehen sind also aufschlussreich, wenn es darum geht, die subjektiven Wahrnehmungen der Familiensituation zu verstehen. Der Generalisierbarkeit, zum Beispiel der Lebensumstände von Personen, die sich als alleinerziehend definieren, sind aber deutliche Grenzen gesetzt. Interessant sind subjektive Definitionen des Alleinerziehens hinsichtlich der Überprüfung der Validität von ‚objektiven' Definitionen (wird gemessen, was beabsichtigt wurde?) oder aber um zu verstehen, welche subjektiven Wirklichkeiten sich hinter der Kategorisierung verbergen. Ein Kritikpunkt an bisherigen Studien der subjektiven Definition von Alleinerziehenden könnte sein, dass sie sich häufig auf Befragungspersonen beziehen, die auf Basis struktureller Kriterien als Alleinerziehende kategorisiert werden. Es wird also kein Eindruck gewonnen, wie möglicherweise die Zahl der ‚strukturellen Alleinerziehenden' von der Zahl ‚subjektiv Alleinerziehender' abweicht. Hierzu wäre die Aufnahme einer Frage(batterie) zur subjektiven Definition von Alleinerziehend in bestehende Umfragen denkbar.[2] Es wäre zum

---

[2]Denkbar wäre eine Skala zum Grad des Alleinerziehens, z. B.: „Bitte geben Sie für die folgenden Aussagen an, inwiefern sie auf Sie zutrifft (0 = trifft gar nicht zu, 5 = trifft voll zu). „Der Begriff ‚alleinerziehend' beschreibt meine eigene Situation." Oder spezifischer: „Der Begriff ‚alleinerziehend' beschreibt meine eigene Situation in Bezug auf die Betreuung meines Kindes/meiner Kinder und die täglich anfallenden Arbeiten im Haushalt."

Beispiel möglich, dass sich Personen, die in Zweielternfamilien die hauptsächliche Erziehungsarbeit übernehmen, eher als Alleinerziehende identifizieren. Die bisherigen Erkenntnisse zur subjektiven Definition von Alleinerziehen verweisen jedenfalls auf eine mögliche Diskrepanz zwischen individueller und kontextueller Deutungsebene der Familiensituation. Dieses Spannungsfeld entsteht vor allem in Hinblick auf die rechtliche und administrative Bestimmung von Familientypen.

3.1.2 Rechtliche Definitionen

Rechtlich wird der Alleinerziehenden-Status in den meisten Ländern im Familien- und Zivilrecht definiert, wo auch andere Familienformen berücksichtigt sind (Hantrais 2004). In Bezug auf nicht eheliche Lebensgemeinschaften besteht allerdings nach wie vor eine grobe Regulierungslücke. In Deutschland regelt das Bürgerliche Gesetzbuch (§ 1626 ff. BGB) Aspekte des Sorgerechts von Eltern gegenüber ihren Kindern. Diese können zur rechtlichen Definition von Alleinerziehen herangezogen werden, ähnlich wie zum Beispiel in Großbritannien die *Parental Responsibility* (Children Act 1989, Family Law Reform Act 1987). Allerdings macht die genauere Betrachtung deutlich, dass sich über sorgerechtliche Bestimmungen der Alleinerziehendenstatus nur sehr ungenau ableiten lässt. Legt man das Bürgerliche Gesetzbuch an, so können Alleinerziehende als alleinig zur Sorge von Kindern berechtigte und verpflichtete Personen verstanden werden, die sie entweder geboren, adoptiert oder angenommen haben. Die Mutter erhält mit der Geburt des Kindes allerdings nur die alleinige elterliche Sorge, sofern keine Ehe vorliegt, keine gemeinsame Sorgeerklärung abgegeben und keine andere familienrechtliche Entscheidung getroffen wird (ebenso in Großbritannien). Auch bei einer Scheidung erhalten seit 1998 in Deutschland beide Elternteile automatisch das Sorgerecht. Die rechtliche Bestimmung des Sorgerechts ist zudem von der räumlichen Bedingung des gemeinsamen Wohnsitzes losgelöst. So besteht die Alleinsorge auch unabhängig davon, ob noch eine weitere erwachsene Person im Haushalt lebt. Dies gilt auch, wenn es sich bei der Person um das andere Elternteil handelt, das sich das Sorgerecht aber nicht mit dem Erziehungsberechtigten teilt (vgl. Hancioglu 2015). Das hat einerseits zur Folge, dass Mütter, die mit ihren Partnern und Kind(ern) in einem Haushalt leben als alleinerziehend gelten können, wenn der Partner kein Sorgerecht hat (üblich zum Beispiel auch bei gleichgeschlechtlichen Elternpaaren). Und andererseits, dass allein lebende Mütter, die das gemeinsame Sorgerecht mit dem Vater haben, rechtlich gesehen nicht alleinerziehend sind. Hinzu kommt, dass der Vater seit 2013 in Deutschland einen Antrag auf gemeinsame Sorge oder auf alleinige Sorge stellen kann (§ 1671

Abs. 2 S. 1 BGB), wenn er das Sorgerecht haben möchte. Das Gericht richtet seine Entscheidung am Wohl des Kindes aus und entscheidet unter Berücksichtigung der jeweiligen Lebenssituation. Es bliebe hier zu fragen, ob einerseits die subjektive Einschätzung der Mütter (und Väter) und andererseits die tatsächliche Sorge- und Erziehungstätigkeit mit der sorgerechtlichen Bewertung übereinstimmt. Dies ist insbesondere relevant, wenn bedacht wird, dass Trennungen häufig konfliktbehaftet sind.

3.1.3 Sozialrechtlich-administrative Definitionen

Im deutschen Sozialrecht werden Alleinerziehende üblicherweise als Kategorie leistungsberechtigter Personengruppen auf Basis a) der räumlichen Bedingung und b) des Alters des (jüngsten) Kindes, und der damit einhergehenden Sorgepflicht bestimmt. Das Sozialgesetzbuch II spricht zum Beispiel von „Personen, die mit einem oder mehreren minderjährigen Kindern zusammenleben" (§ 21 Abs. 3 SGB II). Der Zusatz „...und allein für deren Pflege und Erziehung sorgen" (§ 21 Abs. 3 SGB II) expliziert, dass Alleinerziehende über die Fürsorgeverantwortung gegenüber ihrem minderjährigen Kind definiert werden. Diese ist aber von der oben diskutierten sorgerechtlichen Bestimmung zu unterscheiden. Die sozialrechtliche Perspektive orientiert sich weniger am Wohl des Kindes als mehr an der Frage danach, wo die Kosten der Fürsorge und Erziehung anfallen. Da hierfür die räumliche Bedingung entscheidend ist, bleibt dabei das sogenannte Wechselmodell, in dem das Kind abwechselnd bei den Eltern lebt und betreut wird, unberücksichtigt. Im März 2016 waren in Deutschland 612 094 Bedarfsgemeinschaften in Sinne des SGB-II Alleinerziehende. Das war ein Anteil von 18,6 % an allen Bedarfsgemeinschaften und 56 % der Bedarfsgemeinschaften mit Kindern. Die zusätzliche Belastung der (alle) Eltern im Vergleich zu Kinderlosen gegenüberstehen, wird vom Gesetzgeber im Sozialgesetzbuch als besonders zu berücksichtigen eingestuft, wenn das jüngste Kind unter drei Jahre alt ist. So wird Erwerbsfähigen mit Kindern die Erwerbstätigkeit nicht zugemutet, wenn die Betreuung des minderjährigen Kindes nicht gesichert ist oder das jüngste Kind das dritte Lebensjahr noch nicht vollendet hat (§ 10 Abs. 3 SGB II). Zusammenfassend ist also einerseits die Definition von Alleinerziehenden als eine klar abgrenzbare Personengruppe am Ziel der Bestimmung von Leistungsberechtigten ausgerichtet. Andererseits gibt es mit der Abstufung von Altersgrenzen auch ein fließendes definitorisches Element: das der ‚Zumutbarkeit' einer elterlichen Erwerbstätigkeit innerhalb der Grenzen der Minderjährigkeit der Kinder. Alleinerziehende im Sinne des Sozialgesetzes sind also Eltern von Kindern, die mindestens unter drei Jahre und maximal unter 18 Jahre sind und die mit ihnen ohne eine weitere sorgeberechtigte Person zusammenleben. Hier lässt sich ein Bezug zur Lebensverlaufsperspektive herstellen. Die Sozialpolitik wirkt hier durch die Stückelung von Lebensphasen in Förderperioden institutionalisierend auf die Familiensituation Alleinerziehen. Dieser Zusammenhang wird weiter unten (Kapitel *Kontexte des Alleinerziehens*) noch ausgeführt. Eine Schwierigkeit zur zahlenmäßigen Erfassung und Analyse von Alleinerziehenden, die auf Basis der rechtlich-administrativen Definition erfasst werden, kann jedoch festgestellt werden. Hier ist von Bedeutung, dass Personen zum Zwecke der Prüfung ihrer Leistungsberechtigung Angaben über ihre familiäre Situation machen. Dies soll nicht die Annahme stützen, dass die Angaben der Personen nicht mit der Lebenssituation übereinstimmen, die für die Untersuchung des Alleinerziehens relevant ist. Allerdings muss bei Analysen von Daten zu alleinerziehenden Leistungsbeziehern, die aus Meldungen der Sozialversicherung generiert werden (zum Beispiel des Instituts- für Arbeitsmarkt- und Berufsforschung, IAB), bedacht werden, dass darin eben diejenigen als Alleinerziehende zählen, die zum jeweiligen Zeitpunkt die rechtlichen Bedingungen der Unterstützung durch die sozialpolitischen Maßnahmen erfüllen. Für die Lebensverlaufsperspektive bedeutet dies, dass das Alleinerziehen nur in seiner Form als institutionalisierte Förderperiode ‚sichtbar' wird.

3.1.4 Definitionen der amtlichen Statistik

Die Definition von Alleinerziehenden in der amtlichen Statistik ist üblicherweise ebenfalls an die räumliche Bedingung, das Zusammenleben in demselben Haushalt sowie an den Familienstand des Kindes geknüpft. Es ist hingegen unerheblich, wer im rechtlichen Sinne für die Kinder sorgeberechtigt ist. Alleinerziehende gelten hier als Familienform oder Familientypus, die von anderen Lebensgemeinschaften (Ehepaare, nicht eheliche gemischt-geschlechtliche und gleich-geschlechtliche Lebensgemeinschaften) mit Kindern zu unterscheiden sind. Der Definition liegt das Interesse zugrunde, die Verteilung von unterschiedlichen Familientypen zu erfassen. Zur Definition jeglicher Familienform wird dazu festgelegt, dass Kinder im Haushalt leben, die ledig sind und noch keine eigenen Kinder haben. Die Definition über den Haushalt als Bestimmungsgröße bedingt zumindest in Deutschland, dass Alleinerziehende, die mit ihrem Kind und einem neuen Partner zusammenwohnen, als Lebensgemeinschaft mit Kind gezählt werden. Diese Konstellation, oft als Stieffamilie bezeichnet, ist vor allem aufgrund der Haushaltszentriertheit der amtlichen Statistik noch wenig erforscht

(Konietzka und Kreyenfeld 2013). Ebenso fallen die Elternteile aus dem Blick, die aus dem Alleinerziehendenhaushalt ausgezogen sind. Es werden also Eltern, die ein Paar sind, aber in unterschiedlichen Haushalten leben, auf der einen Seite als alleinerziehend und auf der anderen Seite als Alleinlebend gezählt. Diese Konzeption versagt die genauere Differenzierung von Alleinerziehen und impliziert eine im Vergleich zu Zwei-Eltern-Konstellationen homogene Gruppe. Zudem werden Stieffamilien nicht erfasst (Kreyenfeld et al. 2016). Erst seit 1996 werden im Mikrozensus in der amtlichen Statistik in Deutschland nicht eheliche Lebenspartner im Haushalt erfasst. Laut Statistischem Bundesamt gab es im Jahr 2014 2,7 Mio. Alleinerziehende in Deutschland (Destatis 2016). Da amtliche Statistiken üblicherweise als Querschnittserhebungen durchgeführt werden, beinhaltet die Analyse von Alleinerziehendenhaushalten notwendigerweise eine statische Konzeption, die Übergänge und Dauer nicht berücksichtigt. Die Erhebungen im Rahmen der rotierenden Panelbefragung der *European Union Statistics of Income and Living Conditions* (EU-SILC) stellen eine der Ausnahmen dar.

3.2 Alleinerziehen im Lebensverlauf

In diesem Abschnitt wird Alleinerziehen aus der lebensverlaufssoziologischen Perspektive konzeptualisiert. Dieser Ansatz erlaubt es Aspekte aufzunehmen, die in bisherigen Betrachtungen von Alleinerziehen zu wenig Beachtung gefunden haben. Die lebensverlaufssoziologische Perspektive beinhaltet, dass Alleinerziehen nicht als statische Familienstruktur, sondern als wandelbare Lebensform definiert wird, die den Dynamiken des Familienlebens unterliegt. Alleinerziehen ist damit ein Teil des Familienverlaufs, den Individuen während ihres Lebens durchlaufen. Die Lebensverlaufsperspektive baut auf verschiedenen theoretischen Prinzipien auf (Mayer 1998; Elder et al. 2003), von denen in diesem und im folgenden Kapitel einige relevante besprochen werden. Zentral werden das Konzept der Lebensform sein und das Prinzip des Timings (dieser Abschnitt) sowie das der Interdependenzen zwischen Makro- und Mikroebene hinsichtlich des institutionellen und des historisch-geografischen Kontexts (nächstes Kapitel). Der Lebensverlaufsansatz soll aber zunächst vom Familienzyklusmodell abgegrenzt werden, einem früheren Ansatz, Familie als zeitlich bedingtes Phänomen zu konstruieren (Elder 1994). Dies ging davon aus, dass Personen aufeinander aufbauende Stufen eines Familienentwicklungsprozesses durchlaufen (Glick 1947). Das Modell ist aufgrund seiner engen Bindung an die Entwicklung der „Kernfamilie" als unzutreffend befunden und spätestens seit den 1980er Jahren unpopulär geworden (Huinink und Konietzka 2007). Auch, dass die Familie im

Familienzyklusmodell als Analyseeinheit dient, wurde in der neueren Lebensverlaufsforschung kritisiert. Um abzubilden, dass sich Familienkonstellationen immer wieder neu zusammensetzen können, muss vom Individuum ausgegangen werden. Das Konzept des individuellen *Familienverlaufs* ersetzt den früheren Ansatz (Elder 1992; Huinink und Konietzka 2007). Der Lebensverlaufsansatz versteht die Familie als einen der interdependenten Lebensbereiche individueller Lebensverläufe (Mayer 1998). Das Konzept des Familienverlaufs beschreibt die Entwicklung im Bereich der Familie als Phasen, Übergänge und Abfolgen unterschiedlicher Lebensformen über die Zeit. Es lässt alle Möglichkeiten der Abfolge und Dauer unterschiedlicher Phasen zu, ohne von einem angenommenen Normalverlauf auszugehen. Damit ist also konstitutiv für das Konzept, dass Familienverläufe intraindividuelle Dynamik und interpersonale Heterogenität beinhalten. Das Familienverlaufskonzept kann vor allem als Grundlage für eine umfassende empirische Beschreibung der gelebten Muster dienen. Je nach Fokus werden Familienverläufe zum Beispiel hinsichtlich der Muster untersucht, die sich in Familiengründung (Fasang und Raab 2014; Raab et al. 2014; Jalovaara und Fasang 2015) oder in Partnerschaften (Bastin 2012, 2016) über die Zeit zeigen.

3.2.1 Lebensform

Das Konzept der Lebensform bietet einen Ausgangspunkt für die Analyse von Alleinerziehen im Familienverlauf. Es wird in der Familiensoziologie verwendet, um dem Umstand der Vielfalt von familialen und nicht-familialen Arten des Zusammenlebens Rechnung zu tragen. Das ‚Universum' der Lebensformen kann anhand einiger für die jeweilige Forschungsfrage relevanter Definitionskriterien (z. B. Elternschafts-, Paarbeziehung, Art der Beziehung und Institutionalisierungsgrad, Haushaltsform und -größe) festgelegt werden, innerhalb dessen sich Vielfalt und Veränderung abbilden lassen (Huinink und Konietzka 2007). So kann auch Alleinerziehen als Lebensform verstanden werden. Abb. 3.1 illustriert Dimensionen (linke Seite) mit unterschiedlichen Ausprägungen (rechte Seite), die zur Definition der Lebensform Alleinerziehend herangezogen werden können.

Zunächst lässt sich festhalten, dass sich Alleinerziehen über die Kombination zweier Arten von Beziehungsformen, Partnerschafts- und Elternschaftsbeziehungen sowie der Koresidenz mit dem Kind, bestimmen lässt. Zum einen bedeutet Alleinerziehen hier, dass sich die Person nicht in einer Paarbeziehung mit dem anderen Elternteil befindet (Dimension Beziehungsform) und zum anderen, dass eine Elternschaftsbeziehung besteht. Das dritte Bestimmungskriterium für die Lebensform ist das Zusammenleben in demselben Haushalt, wie es auch für

3.2 Alleinerziehen im Lebensverlauf

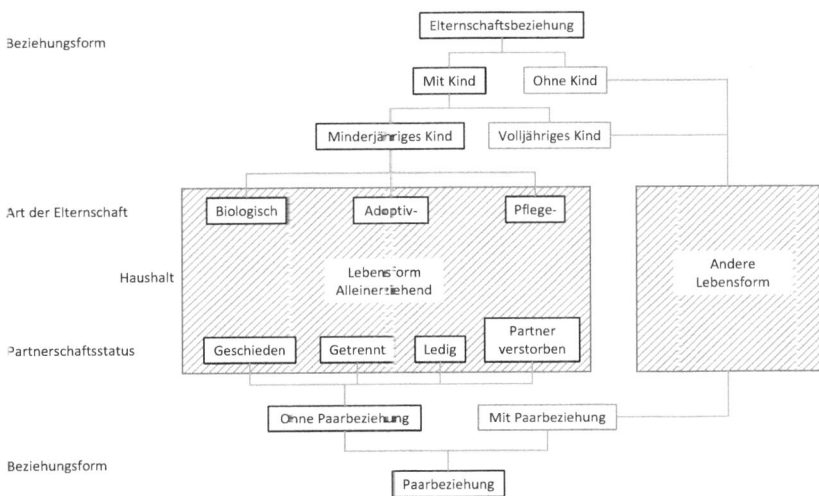

Abb. 3.1 Dimensionen der Lebensform Alleinerziehend, Elternperspektive. (Eigene Darstellung, in Anlehnung an Huinink und Konietzka 2007, S. 39)

die amtliche Statistik entscheidend ist (Destatis 2016, S. 44). Abb. 3.1 illustriert weiter, dass Alleinerziehen Ergebnis von vier unterschiedlichen Ereignissen im Familienleben sein kann (Dimension Partnerschaftsstatus). Das sind einerseits Ehescheidungen oder andererseits Trennungen nicht ehelicher Lebensgemeinschaften mit Kindern sowie drittens Geburten bei alleinstehenden Frauen und viertens das Versterben eines der beiden Elternteile in einer Zweielternfamilie. Schließlich kann die Art der Elternschaft noch als biologisch oder beruhend auf Adoption oder Pflegeelternschaft bestimmt werden. Über die rein strukturelle Erfassung hinaus werden also für die Konzeptualisierung von Alleinerziehen als Lebensform weitere soziologisch relevante Dimensionen einbezogen. Teilweise werden diese auch in den oben besprochenen Definitionen berücksichtigt, wie in der rechtlichen oder sozialrechtlich-administrativen Definition, die aber anderen Zwecken dienen als der umfassenden Abbildung des Alleinerziehens.

Wie oben gezeigt, kann Alleinerziehen Ergebnis von unterschiedlichen Ereignissen im Familienleben sein. Welche Wege ins Alleinerziehen in einer Gesellschaft dominieren ist geografisch und historisch variabel. Nach Kriegen ist beispielsweise im Allgemeinen der Anteil der Alleinerziehenden größer, deren Partner verstorben ist. Mit dem Auftreten einer bestimmten Lebensform verändert sich längerfristig außerdem ihre normative Stellung und soziale Bedeutung in der Gesellschaft (z. B. Nazio 2008). Hinzu kommt, dass die im Alleinerziehen mündenden Ereignisse (elterliche Scheidung oder Trennung, Tod des Partners und Aufnahme eines Kindes in den Haushalt durch Geburt, Adoption oder Pflegeelternschaft) jeweils mit sehr unterschiedlichen Prozessen im Familienleben verbunden sind, die auch in ihrer Bedeutung variieren. Zum Beispiel geht dem Übergang ins Alleinerziehen durch Ehescheidung eine Eheschließung voraus sowie der Entschluss zu einem gemeinsamen Kind innerhalb einer Partnerschaft. Auch beim Übergang ins Alleinerziehen durch eine nicht eheliche Trennung und den Tod des zweiten Elternteils wurde zuvor ein Kind in eine Partnerschaft geboren. Nicht so, wenn eine alleinstehende Frau durch die Geburt eines Kindes alleinerziehend wird. Hier kann sich entweder die Mutter allein für ein Kind entschieden haben oder in einer Partnerschaft, die noch während der Schwangerschaft beendet wurde. Hinsichtlich der Unterschiede zwischen den Typen der Elternschaft lässt sich anmerken, dass alleinstehende Frauen neben der Geburt eines Kindes prinzipiell auch durch Aufnahme eines Pflegekindes oder Adoption einen Übergang ins Alleinerziehen vollziehen können. Anders als in Deutschland sind diese beiden Typen der Elternschaft in manchen Ländern jedoch an die Voraussetzung einer Partnerschaft geknüpft. Übergänge durch Trennungen, Scheidungen und den Tod des zweiten Elternteils können in allen Elternschaftstypen vorkommen.

Die Unterscheidung verschiedener Wege ins Alleinerziehen eröffnet also die Perspektive auf Prozesse des Familienlebens, die in der familiensoziologischen Theorie als substanziell eigene Phänomene besprochen werden, wie zum Beispiel der Zusammenhang zwischen Kinderwunsch und Fertilität (Huinink 2016) oder der Übergang zur Elternschaft (Rossi 1968; Belsky und Rovine 1990). Auch die Ereignisse, die das Alleinerziehen beenden, erhalten eigenständige soziologische Aufmerksamkeit, selten allerdings in Studien zum Wohlergehen von Alleinerziehenden. Zwei hauptsächliche Wege führen aus dem Alleinerziehen[3]: die neue Partnerschaft des alleinerziehenden Elternteils (entweder als ‚Rückkehr' zum anderen Elternteil oder als Gründung einer Stieffamilie) und der Auszug der abhängigen Kinder. Das Eingehen einer neuen Partnerschaft wird in der Familiensoziologie unter dem Aspekt der Partnerwahl, auch im Kontext von Heirats- oder Partnermärkten behandelt (Goldman et al. 1984; Stauder 2006). Der Auszug aus dem Elternhaus wird meist als eine Dimension des Übergangs ins Erwachsenenalter und damit aus der Perspektive der Kinder untersucht (Konietzka und Huinink 2003; Konietzka 2010; Buchmann und Kriesi 2011). Das Eingehen einer

---

[3]Ein dritter Weg aus dem Alleinerziehen ist der Kindstod, der aber aufgrund seiner Besonderheit, das Familienleben zu beenden, hier ausgeklammert wird.

3.2 Alleinerziehen im Lebensverlauf

neuen Partnerschaft und der Auszug des Kindes aus dem Haushalt können die Dauer des Alleinerziehens auf unterschiedliche Weise beeinflussen (vgl. Skew 2009; Skew et al. 2009; Bastin 2012, 2016). Eine neue koresidentielle Partnerschaft kann prinzipiell zu jedem Zeitpunkt eingegangen werden. Beim Austritt aus dem Alleinerziehen durch den Auszug des Kindes spielt dessen Alter eine Rolle. Da die empirische Betrachtung des Alleinerziehens häufig auf der Definition eines Haushalts mit Erwachsenen und ihren minderjährigen Kind beruht, kann auch das Erreichen der Volljährigkeit ein definitorisches Ende des Alleinerziehens bedeuten.

Hieran anschließend lässt sich die Bedeutung des Prinzips des *Timings* (Elder et al. 2003) für die Konzeptualisierung des Alleinerziehens als Lebensform im Familienverlauf veranschaulichen. Es besagt, dass Konsequenzen von Übergängen, Ereignissen und Verhaltensmustern im Lebensverlauf je nach Zeitpunkt im Leben variieren (Elder et al. 2003, S. 12). Die Dimension des Timings bemisst sich nicht unbedingt am chronologischen Alter der Person, sondern bezieht sich auf die Position des Ereignisses im Lebensverlauf. Zunächst ist es wahrscheinlich, dass die zeitliche Varianz des Alleinerziehens im individuellen Lebensverlauf hoch ist, da es Ergebnis unterschiedlicher Familienereignisse ist (s. o.). Das heißt, das Timing des Alleinerziehens kann sehr unterschiedlich sein. Der Vergleich mit dem sozialen Phänomen des Übergangs in die Elternschaft (Rossi 1968; Belsky und Rovine 1990) veranschaulicht die Bedeutung des Timings für die Konzeptualisierung von Alleinerziehen. Der Übergang in die Elternschaft ist üblicherweise daran gekoppelt, dass die Familie um ein Baby erweitert wird. Im Falle von Adoption und Pflegeelternschaft ist auch für die Eltern in Partnerschaft ein Übergang mit älteren Kindern möglich, aber sehr viel seltener (Fendrich und Mühlmann 2016). Im Gegensatz dazu findet der Übergang ins Alleinerziehen häufig dann statt, wenn die Kinder schon im Schul- oder Jugendalter sind. Anders gesagt weist der Übergang ins Alleinerziehen per Definition eine vergleichsweise hohe Destandardisierung auf, weil die Streuung des Ereignisses im Lebensverlauf innerhalb der Gruppe der Alleinerziehenden relativ hoch ist (vgl. Brückner und Mayer 2005). Da das Alter der Kinder substanzielle Konsequenzen für die Organisation des Lebens hat, ist es wahrscheinlich, dass sich auch die Implikationen des Übergangs in die Elternschaft und die des Übergangs ins Alleinerziehen unterscheiden. Das Alter des jüngsten Kindes kann somit als ein möglicher Indikator für das Timing des Alleinerziehens gelten. Zwar lassen sich vom Alter des Kindes keine expliziten Rückschlüsse auf die Episoden im Familienverlauf ziehen. Zumindest ist es aber ein Maß dafür, in welcher Phase des Familienlebens das Alleinerziehen in Bezug auf die notwendige Betreuungsintensität der Kinder eintritt.

3.2.2 Risiken

Um zur Möglichkeit einer Bewertung zu kommen, was Unterschiede in Lebensbedingungen zwischen Alleinerziehenden angeht, wird an dieser Stelle der Risikobegriff eingeführt. Risiko sei hier als die Wahrscheinlichkeit definiert, hinsichtlich der Lebensbedingungen gegenüber anderen Familienformen benachteiligt zu sein. Unter Lebensbedingungen werden ökonomische und soziale Faktoren wie das verfügbare Einkommen und die soziale Integration verstanden. Abb. 3.2 illustriert anhand der oben bestimmten definitorischen Kriterien einen Risikoraum des Alleinerziehens im Lebensverlauf. Der Risikoraum umfasst damit die unterschiedlichen Risiken, die sich je nach Übergangstypus ins Alleinerziehen für die betroffenen Personen ergeben. Inhaltlich bedeutet dies, dass Alleinerziehen als Lebensform durch die vielfältigen Ereignisse im Familienverlauf, durch die es zustande kommt, auch mit unterschiedlichen Möglichkeiten einhergeht, zum Beispiel einer Erwerbsarbeit nachzugehen, Einkommen zu erzielen oder soziale Unterstützung zu erhalten. Die Risiken sind dabei sowohl durch die individuellen Lebensbedingungen vor Eintritt ins Alleinerziehen bestimmt sowie von den Möglichkeiten, die sich nach dem Übergang neu ergeben.

Der Übergang in die Elternschaft von alleinstehenden Frauen scheint dabei vor allem durch zwei Aspekte gekennzeichnet zu sein. Zum einen erhöhen sich die sozialen und finanziellen Kosten für die Erhaltung des Haushalts durch das Kind im Vergleich zu der Situation ohne Kind. Zweitens kann die jetzt zu leistende

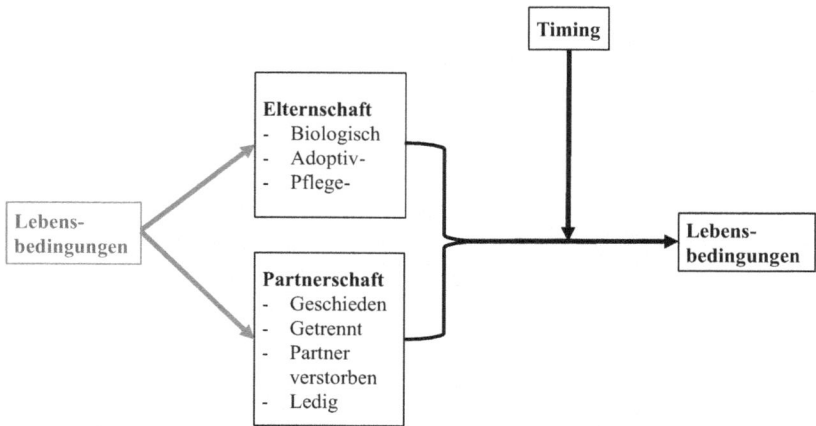

Abb. 3.2 Risikoraum des Alleinerziehens

3.2 Alleinerziehen im Lebensverlauf

Sorgearbeit bedeuten, dass im Vergleich zu vorher die zeitlichen Ressourcen für andere Aktivitäten eingeschränkt sind, wie zum Beispiel die Erwerbsarbeit oder das Pflegen von sozialen Beziehungen. Diese Aspekte gelten gleichermaßen für alle Arten der Elternschaft der ledigen Mutter. Während die Fürsorgeverantwortung lediger Frauen beim Übergang ins Alleinerziehen in allen Elternschaftstypen ansteigt, ist sie jedoch beim Übergang durch Geburt aufgrund des fürsorgebedürftigen Neugeborenen am intensivsten. Die Auswirkungen des Verlusts des anderen Elternteils im Haushalt, sei es durch Trennung oder durch dessen Tod, wirkt hingegen auf andere Weise. Dieser Übergang ins Alleinerziehen bedeutet, dass der oder die andere erwerbsfähige Erwachsene im Haushalt für Einkommen oder Sorgearbeit ausfällt. Abhängig vom vorherigen Arrangement kann dies mit dem Ausfall der Haupteinkommensquelle einhergehen und mit Veränderung in der Aufteilung der Sorgetätigkeit für das gemeinsame Kind. Die Trennung oder Scheidung birgt jedoch die Möglichkeit, dass das zweite Elternteil weiter einen Beitrag zum Haushaltseinkommen und zur Sorgearbeit leistet. Die Pflichten und Höhe der finanziellen Beiträge sind im Unterhaltsrecht geregelt, das noch weiter unten zur Sprache kommen wird. Der Beitrag zur Sorgearbeit des Elternteils, das nicht im Haushalt wohnt, ist unter anderem durch Wohnarrangements nach der Trennung beeinflusst (Seltzer 1998; Kelly 2007). Der Tod des anderen Elternteils kann hingegen bedeuten, dass materielle Ressourcen vererbt wurden, auf die in der neuen Situation zugegriffen werden kann.

Um die Zusammenhänge zu veranschaulichen soll nun der Zugang zur Erwerbsarbeit als Beispiel einer begehrten Ressource besprochen werden. Erwerbsarbeit wird als eines der Hauptfelder angesehen, in dem sich Alleinerziehende und Mütter in Partnerschaft unterscheiden. Die Annahme ist, dass die Sorgearbeit für die Kinder in der koresidentiellen Partnerschaft besser aufgeteilt werden kann, als bei Müttern ohne Partner im Haushalt. Dies kann für Mütter in Partnerschaft damit verbunden sein, dass sie eine vergleichsweise bessere Möglichkeit haben, eine Erwerbstätigkeit aufzunehmen als Mütter, die alleinerziehend werden. Bezieht man nun aber die Wege ins Alleinerziehen und das Timing mit ein, lassen sich unterschiedliche Grade der Vereinbarkeitsprobleme von Sorge- und Erwerbsarbeit erwarten. Für die Konsequenzen einer Trennung auf die Vereinbarkeit scheint einerseits entscheidend, wie die Erwerbsarbeit, Hausarbeit und Kinderbetreuung zwischen den Partnern vor der Trennung tatsächlich aufgeteilt wurde. Andererseits spielt das Alter der Kinder bei Eintritt ins Alleinerziehen eine Rolle. Für die Erwerbsarbeit der Mütter, die von Geburt des Kindes an ohne Partner sind, ist die Frage der Unterstützung von außen noch zentraler, sei es durch soziale Netzwerke wie Großeltern und Freunde oder sozialpolitische Regelungen wie Elternzeit und Kinderbetreuungsangebot. Auch für die Erwerbsarbeit der von

Beginn an alleinstehenden Alleinerziehenden ist aber die Arbeitsmarkteinbindung vor dem Übergang entscheidend.

Wie in Abb. 3.2 bereits angelegt, unterliegt den Darstellungen ein zentrales Problem der Forschung zu Alleinerziehen: die Frage der sozialen Selektion[4] (McLanahan und Percheski 2008; Härkönen et al. 2017). Diese beinhaltet, dass bestimmte soziale Positionen von Personen mit bestimmten sozialen Merkmalen systematisch eher erreicht werden als von Personen ohne das Merkmal. Selektion ist in der Ungleichheitsforschung von Bedeutung, da sie das Verständnis von ursächlichen Zusammenhängen verzerren kann. Im vorliegenden Fall ist die Frage ob bestimmte Merkmale sowohl den Übergang ins Alleinerziehen als auch bestimmte Outcomes bestimmen und damit der Zusammenhang zwischen Alleinerziehen und den Outcomes fraglich ist. Beispielsweise könnte es für Mütter mit geringer Arbeitsmarktanbindung sowohl wahrscheinlicher sein alleinerziehend zu werden als auch niedrige Einkommen zu erzielen. Kann soziale Selektion ins Alleinerziehen nachgewiesen werden, so wäre seine Ursächlichkeit für die betrachteten Outcomes (hier das niedrige Einkommen) fraglich. Zur Feststellung von Ursächlichkeit des Alleinerziehens für bestimmte soziale Positionen ist es also notwendig, Selektion so gut wie möglich auszuschließen. Es ist prinzipiell möglich, dass sich die ‚Gruppen' der Ein- und Zweielternfamilien grundsätzlich in Eigenschaften voneinander unterscheiden, die gleichzeitig ihre soziale und ökonomische Situation beeinflussen. Partnerschaftsinstabilität könnte etwa auf Persönlichkeitsmerkmale zurückzuführen sein, die Misserfolge auf dem Arbeitsmarkt erklären (z. B. ein geringes Selbstwertgefühl, geringe Konfliktlösungskompetenzen). Die vorigen Ausführungen zur Dynamik illustrieren, dass diese Frage in Hinblick auf das Alleinerziehen besonders komplex ist, da Selektion für bestimmte Übergänge ins Alleinerziehen vorliegen könnte, für andere aber nicht. Bisherige Forschung (siehe dazu auch Einleitung und Forschungsstand) zeigt zum Beispiel, dass die Auswirkungen der Scheidung von Eltern auf die Kinder sich tatsächlich unter Kontrolle des sozioökonomischen Status vermindern (Steele et al. 2009; Amato 2010; Grätz 2015). Für die anderen Übergänge ins Alleinerziehen ist die Frage der Selektion noch nicht systematisch beleuchtet worden. Hier besteht Forschungsbedarf.

Insgesamt hat die empirische Forschung bisher gezeigt, dass ein Übergang ins Alleinerziehen nicht spurlos an den beteiligten Personen vorübergeht und im Vergleich mit Familienverläufen ohne Übergang ins Alleinerziehen häufig mit Nachteilen verbunden ist (Härkönen et al. 2017). Die Ausführungen in diesem Kapitel haben verdeutlicht, dass innerhalb der Gruppe Alleinerziehender

---

[4]Diese wird auch manchmal als Selbstselektion bezeichnet (Diekmann 2007).

3.2 Alleinerziehen im Lebensverlauf

von einer ungleichen Verteilung der Nachteile auszugehen ist, die die Lebensform mit sich bringen kann. Das folgende Kapitel erweitert diese Erkenntnisse um eine weitere Dimension. Es wird darin ausgeführt, dass die Möglichkeiten des Zugangs zu Ressourcen vor und nach Übergang ins Alleinerziehen zu nicht geringem Maße durch die gesellschaftlichen Makrostrukturen geprägt sind, in denen der Übergang stattfindet.

Makrostrukturelle Bedingungen 4

Makrostrukturelle Bedingungen beeinflussen die Art und das Ausmaß zu dem Alleinerziehen mit heterogenen Risiken verbunden ist. Dieser Zusammenhang wird im Folgenden aufgegriffen. Die Beziehung zwischen individuellen Lebensverläufen und Makrokontexten wurde in der Lebensverlaufsforschung mit unterschiedlicher Schwerpunktsetzung behandelt. Während die nordamerikanische Forschung den Blick eher auf die allgemeineren historischen Bedingungen richtete, setzt die europäische Lebensverlaufsforschung traditionell einen stärkeren Fokus auf die Rolle konkreter gesellschaftlicher Institutionen wie dem Wohlfahrtsstaat oder dem Bildungssystem (Marshall und Mueller 2003; Lévy und Widmer 2014).[1] Der nächste Abschnitt (4.1) geht anhand eines Beispiels kurz auf das Prinzip des historischen und geografischen Kontexts ein, das in der US-amerikanischen Lebensverlaufsforschung formuliert ist (Elder et al. 2003). Der ausführlichere, zweite Teil des Kapitels widmet sich dann den institutionellen Einflüssen des Wohlfahrtsstaats auf die Risiken des Alleinerziehens. Es wird verdeutlicht, dass Alleinerziehen ein Fall ist, an dem sich der Gedanke lebensphasenspezifischer Sozialpolitik besonders gut veranschaulichen lässt, weil es *nicht* ausschließlich in bestimmten Lebensphasen auftritt. Dafür wird zunächst ein Überblick über bisherige Ansätze gegeben, die Wirkung von Sozialpolitik auf Alleinerziehende zu konzeptualisieren, ohne aber die Dimension des Lebensverlaufs einzubeziehen (Abschn. 4.2). Anschließend wird beschrieben, wie die bisherige Forschung die Beziehung zwischen Wohlfahrtsstaat und Lebensverlauf im Allgemeinen konzeptualisiert hat, ohne aber Alleinerziehen als Risikoraum im

---

[1]Als Grund hierfür wird häufig angeführt, dass in der kontinentaleuropäischen Sozialforschung der Fokus auf Staatstätigkeit traditionell stark ist, was mit der langen Tradition staatlicher Regulierung der Gesellschaften im Allgemeinen und durch Wohlfahrtsstaaten im Speziellen einher geht (Leisering 2003).

© Springer Fachmedien Wiesbaden GmbH 2018
H. Zagel, *Alleinerziehen im Lebensverlauf,*
https://doi.org/10.1007/978-3-658-20051-0_4

Lebensverlauf zu berücksichtigen (Abschn. 4.3). Schließlich wird das Konzept von Risikotypen als ein eigener Ansatz vorgeschlagen, mit dem die Beziehung zwischen Alleinerziehen im Lebensverlauf und den makrostrukturellen Bedingungen konzeptualisiert werden kann (Abschn. 4.4). Das Kapitel schließt mit einem Überblick über zwei mögliche Strategien, das Konzept der Risikotypen des Alleinerziehens empirisch abzubilden, die im folgenden Kapitel angewendet werden (Abschn. 4.5).

4.1 Historisch-geografische Kontexte

Das Prinzip der historischen und geografischen Kontexte aus der Lebensverlaufsforschung besagt, dass die Lebensverläufe von Individuen in die historische Zeit eingebettet sind und von ihr geformt werden (Elder et al. 2003, S. 12). Das bedeutet, dass die historischen Bedingungen die individuellen Handlungsmöglichkeiten vorgeben, bestimmte Richtungen von Lebensverläufen beschneiden oder erst eröffnen. Ein anschauliches Beispiel ist die Teilung des deutschen Gebiets nach dem Zweiten Weltkrieg. Nachdem 1945 das Gebiet des Deutschen Reiches zwischen den vier Siegermächten USA, Sowjetunion, Großbritannien und Frankreich aufgeteilt wurde, und sich 1949 die Bundesrepublik Deutschland (BRD) und die Deutsche Demokratische Republik (DDR) gegründet hatten, bestanden für mehrere Jahrzehnte zwei deutsche Staaten, deren Gesellschaften sich unterschiedlich entwickelten. Die Bevölkerung der DDR im östlichen Gebiet wurde organisational wie kulturell durch den Staatssozialismus beeinflusst; in der BRD entwickelte sich eine westlich-kapitalistisch geprägte Gesellschaft. Dies trifft auch auf die demografischen Prozesse und Familienstrukturen zu. Familie in der kapitalistischen Nachkriegsgesellschaft war eng mit der Idee der auf Ehe basierenden Kernfamilie verbunden, in der sich die Frau um Haushalt und Kinderbetreuung und der Ehemann um den ökonomischen Erhalt der Familie kümmerten. Damit ging auch die Annahme der Ehestabilität einher, die kulturell wie institutionell vom Staat unterstützt wurde. Kinder kamen überwiegend in Ehen zur Welt. Das in der ostdeutschen Gesellschaft verankerte Familienmodell hingegen beinhaltete zwei Vollzeit erwerbstätige Eltern, das der sozialistische Staat durch ein umfassendes bereitgestelltes Kinderbetreuungsangebt ermöglichte. Die Ehe hatte kulturell einen anderen Stellenwert als in Westdeutschland; nicht eheliche Partnerschaften und außereheliche Geburten waren seit jeher verbreiteter (Klüsener und Goldstein 2016).

Die Literatur zeigt, dass die Unterschiede zwischen Ost und West auch nach der Wiedervereinigung groß geblieben sind (Rosenfeld et al. 2004; Huinink et al.

2012; Fasang 2015; Kreyenfeld et al. 2016; Raab 2017). Alleinerziehen ist weit mehr verbreitet in Ostdeutschland und macht 27 % der Familien aus, im Vergleich zu 19 % in Westdeutschland in 2009 (Destatis 2010). Der Unterschied ist teilweise durch die höheren Raten nicht ehelicher Lebensgemeinschaften und außerehelicher Geburten sowie einem geringeren durchschnittlichen Alter der Mutter bei Erstgeburt in Ostdeutschland erklärt. Die weitere Verbreitung der Lebensform bedingt auch, dass Alleinerziehen in Ostdeutschland insgesamt noch stärker zur gelebten Familienrealität gehört als in Westdeutschland. Das Beispiel des geteilten Deutschlands deutet an, dass die historischen Bedingungen nicht nur die Wahrscheinlichkeit beeinflussen, mit der Alleinerziehen erlebt wird, sondern auch die gesellschaftliche Akzeptanz, die der Lebensform entgegengebracht wird. Aktuelle Forschung zeigt, dass die negativen Auswirkungen elterlicher Trennungen für Kinder schwächer sind, wenn die Wahrscheinlichkeit des Alleinerziehens höher ist (Härkönen et al. 2017). Neben Selektion zählen zu den diskutierten Mechanismen geringere Stigmatisierung, bessere Integration des getrennt lebenden Elternteils und geringere Statuspositionen mit weniger zu verlieren. Eine nähere Analyse ist notwendig, um Unterschiede in den Auswirkungen der Übergänge ins Alleinerziehen zwischen den beiden Kontexten herauszuarbeiten. Ein Vorschlag hierzu findet sich in Kap. 6.

4.2 Alleinerziehen im Wohlfahrtsstaat: Klassische Ansätze

Die bisherige Forschung zur Stellung von Alleinerziehenden im Wohlfahrtsstaat war überwiegend damit befasst, Qualität und Umfang sozialer Rechte von Alleinerziehen zu bemessen und zwischen Ländern zu vergleichen. Diese Perspektive fußt auf der feministischen Sozialpolitikforschung, die in den 1990er Jahren theoretische Modelle entwarf, um die ungleiche Stellung von Männern und Frauen im Wohlfahrtsstaat zu analysieren. Eine zentrale Annahme ist, dass Wohlfahrtsstaaten Familie in unterschiedlichem Ausmaß als Ort der Wohlfahrtsproduktion voraussetzen und damit die Organisation des Familienlebens beeinflussen (z. B. Orloff 1993; Sainsbury 1994, 1999; Daly und Rake 2003; Pfau-Effinger 2005). Risiken, die vor allem für Frauen durch familiale Lebensführung entstehen, werden so in verschiedenen Ländern nicht in demselben Maß abgedeckt. Ein prominentes Konzept, das zur Beschreibung von Länderunterschieden herangezogen wurde, ist das der Defamilisierung (Lister 1994; McLaughlin und Glendinning 1994). Es bezeichnet das Ausmaß zu dem Wohlfahrtsstaaten Individuen von den Abhängigkeiten zwischen Familienmitgliedern befreien, indem sie Maßnahmen zur ökonomischen oder sozialen Unterstützung bereitstellen (Leitner 2003). Seit den 1990er Jahren gerieten Leistungen für Alleinerziehende auch in der Mainstream Wohlfahrtsstaatsforschung mehr in das Blickfeld. Im Rahmen der Analyse wohlfahrtsstaatlicher Veränderungen vor dem Hintergrund der demografischen Entwicklung sowie Umwälzungen in Arbeits- und Familienleben im ‚postindustriellen Zeitalter' bekam Alleinerziehen eine neue Bedeutung (Esping-Andersen 1999). Sozialer Wandel in Arbeit und Familie seit den 1980er Jahren hat die sogenannten ‚neuen sozialen Risiken' in vielen Ländern sichtbarer gemacht (Bonoli 2005). Diese Entwicklung war Anlass, die Aufgabe von Wohlfahrtsstaaten als Absicherung der neuen Risiken umzuformulieren. Zu den traditionell durch Wohlfahrtsstaaten abgedeckten Risiken der Krankheit, der Arbeitsunfähigkeit und des Arbeitsplatzverlustes seien verstärkt die Risiken der Langzeitarbeitslosigkeit und der Erwerbsarmut hinzugekommen sowie Risiken, die durch Verschiebungen der Geschlechterverhältnisse und Familienstrukturen entstanden sind. Auch wenn die Risiken nicht neu sind, sondern eher deren vermehrtes Auftreten in den Gesellschaften, so forderte doch die Aufweichung des männlichen Versorgermodells als dominante Haushaltsform der 1950er bis 70er Jahre teilweise neue Antworten der Sozialpolitik (vgl. Lewis 2001). Zum einen bedeutet eine stärkere Arbeitsmarktintegration von Frauen, die nicht zuletzt durch die Europäische Union als explizites Ziel formuliert wurde (Lewis und Giullari 2005), dass die Frage der Vereinbarkeit von Familie und Beruf eine wichtige sozialpolitische Aufgabe geworden ist. Zum anderen nimmt, durch steigende Scheidungs- und Trennungsraten und den Anstieg an außerehelichen Geburten, die Sichtbarkeit Alleinerziehender und damit ihre gesellschaftliche Relevanz zu.

In der feministischen Wohlfahrtsstaatsforschung wird Alleinerziehen traditionell als ein Beispielfall zur Analyse geschlechtergerechter Sozialpolitik herangezogen (Lewis 1989; Orloff 1993; Lewis und Hobson 1997; Millar und Rowlingson 2001; Saraceno 2008). Die Bereitstellung sozialer Rechte für alleinerziehende Mütter wird darin zum Beispiel als Maßstab dafür gesehen, inwiefern Wohlfahrtsstaaten ein Leben jenseits von Abhängigkeiten von Markt oder Ehe ermöglichen (Orloff 1993) und zu welchen Graden Alleinerziehende finanziell von Arbeitsmarkt, dem anderen Elternteil oder dem Staat abhängig sind (Lewis und Hobson 1997, S. 4). Wohlfahrtsstaaten variieren beispielsweise im Umfang, in dem sie mit Transferzahlungen für den männlichen Ernährer ‚einspringen' oder die Mütter bei der Erwerbsbeteiligung unterstützen. Hinzu kommen die staatlichen Regelungen, die sich auf das Elternteil beziehen, das nicht mit im Haushalt wohnt (z. B. Unterhaltszahlungen) oder an das Kind gerichtet sind (z. B. Betreuungseinrichtungen). Soziale Rechte werden in der Sozialpolitikforschung traditionell in solche eingeteilt, die allen Bürgern zugutekommen

4.2 Alleinerziehen im Wohlfahrtsstaat: Klassische Ansätze

(universelle Maßnahmen) und solche, zu denen der Zugang an bestimmte Bedingungen geknüpft ist (*targeted* bzw. zielgerichtete Maßnahmen) (Korpi und Palme 1998). Zusammenfassend kann die Unterscheidung als Diskussion um die Effizienz und Effektivität von eingesetzten Sozialausgaben beschrieben werden (vgl. Brady und Burroway 2012; Van Lancker et al. 2015). Universalistische Systeme werden hinsichtlich der Verminderung von ökonomischen Ungleichheiten häufig als effektiver beschrieben. Sie sind generell mit einem umfangreichen Wohlfahrtsstaat verbunden, in dem alle Bürgerinnen und Bürger darin unterstützt werden, einen hohen Lebensstandard zu halten. Alleinerziehende sind hierin auch nicht als spezieller Familientypus angesehen, sondern gelten als eine mögliche Konstellation unter vielen gleichberechtigten (Lundgren-Gaveras 1996). Wohlfahrtsstaaten mit überwiegend zielgerichteten Maßnahmen werden hingegen eher mit einem effizienterem Einsatz von Sozialausgaben in Verbindung gebracht, weil hier die Leistungen speziell auf die Gruppe mit dem höchsten Bedarf gerichtet sind (Barry 1990). In Wohlfahrtsstaaten, in denen das *Targeting* die dominante Logik der staatlichen Sicherung ist, werden Alleinerziehende aufgrund ihres erhöhten ökonomischen Risikos als Haushaltstyp mit besonderem Unterstützungsbedarf behandelt. Hier entwächst durch den Status des Alleinerziehens ein Recht auf Unterstützungsleistung. Das Targeting von Alleinerziehenden wird zudem auch als nützliche Strategie in Bezug auf die Reduktion von Geschlechterungleichheit gewertet (Orloff 1993), da es den negativen Konsequenzen des Alleinerziehens entgegenwirken kann, die überproportional von Frauen getragen werden. Für die Kategorisierung von Wohlfahrtsstaaten als Targeting-Systeme ist jedoch eine weitere konzeptuelle Unterscheidung wichtig. Targeting kann einerseits bedeuten, dass spezielle Leistungen nur für bestimmte Personengruppen vorgesehen sind. Andererseits kann Targeting auch bedeuten, dass eine prinzipiell universell bereitgestellte Leistung für bestimmte Personengruppe umfangreicher gewährt wird (Van Lancker et al. 2015). Auch im Fall des Alleinerziehens als Targeting-Kategorie kann es Unterschiede zwischen Ländern geben, zum Beispiel hinsichtlich der Bemessung der Höhe von Transferleistungen am Alter oder der Anzahl der Kinder. Familienpolitische Leistungen können ebenfalls universell oder zielgerichtet gestaltet sein. Universelle Familienpolitik ist für alle Personen bestimmt, die im Sinne der geltenden Definition einer Familie angehören. Zielgerichtet sind Maßnahmen, wenn sie beispielsweise nur für Familien mit mehr als zwei Kindern, nur für Familien unter einer bestimmten Einkommensgrenze oder nur für Alleinerziehende bestimmt sind. Es sei hier bemerkt, dass nicht nur die Definitionen von Familie historisch und geografisch variieren (Dienel 1994; Hantrais 2004), sondern auch die Kriterien, nach denen das Targeting zugeschnitten wird (Clasen und Clegg 2011).

Im internationalen Vergleich ist häufig von Interesse, welche Konstellationen von Familienpolitik mit vorteilhaften Lebensbedingungen für die Familien oder speziell die Alleinerziehenden verbunden sind. Wie oben angedeutet beeinflusst die Ausgestaltung wohlfahrtsstaatlicher Leistungen nicht nur geschlechtsspezifische und intergenerationale familiale Abhängigkeiten (Saraceno und Keck 2010; Lohmann und Zagel 2016), sondern wirkt sich auch direkt auf das soziale und ökonomische Wohlbefinden von Alleinerziehenden aus. Aufgrund der Unterschiedlichkeit der familienpolitischen Leistungen lässt sich von der Großzügigkeit der staatlichen Ausgaben für Familienpolitik allerdings nicht unbedingt auf eine bestimmte Wirkung für das Familienleben schließen (vgl. Leitner 2003). Großzügige Familienpolitik kann beispielsweise sowohl mit hohen Ausgaben für Transferzahlungen an Familien verbunden sein als auch mit hohen Ausgaben für Dienstleistungen für Familien. Von beiden lassen sich unterschiedliche Auswirkungen auf das Familienleben erwarten, wie beispielsweise auf die Erwerbstätigkeit von Müttern. Da Transferzahlungen ökonomische Nachteile ausgleichen, die mit familialen Verpflichtungen verbunden sind, unterstützen sie im Allgemeinen häusliche Sorgetätigkeit von Müttern (Rønsen und Sundström 2002). Eine gut ausgebaute Kinderbetreuungsinfrastruktur hingegen trägt allgemein eher dazu bei, dass Mütter erwerbstätig sind (Büchel und Spieß 2002; Gornick und Meyers 2003). Beide Faktoren können für das ökonomische Wohlergehen Alleinerziehender entscheidend sein: direkt durch Transferzahlungen und indirekt über die Förderung von Müttererwerbstätigkeit. Aktuelle empirische Forschung zeigt, dass staatliche Transfers für Familien, generöse Elternzeitregelungen und ein gut ausgebautes Kinderbetreuungsangebot das Armutsrisiko von Alleinerziehenden vermindern (Misra et al. 2012; Maldonado und Nieuwenhuis 2015; Van Lancker et al. 2015).

Dieser Perspektive ist implizit, dass von einer einheitlichen Wirkung der Familienpolitik im Allgemeinen oder von einzelnen Leistungen auf das Wohlergehen von (allen) Alleinerziehenden ausgegangen wird. Das heißt, dass eine bestimmte Ausgestaltung der Familienpolitik oder Leistung als hilfreich und eine andere als hinderlich für das Wohlergehen angenommen werden. Nur wenige Studien unterscheiden bisher zwischen den unterschiedlichen Auswirkungen verschiedener sozial- und familienpolitischer Regelungen (Misra et al. 2012; Maldonado und Nieuwenhuis 2015). Die Differenzierung der Wirkung einzelner Leistungen auf Alleinerziehende in unterschiedlichen Lebenslagen ist in der Sozialpolitikforschung noch seltener (siehe Kapitel Definitionen). Dabei gerät aus dem Blick, dass Elternzeitregelungen nur für Alleinerziehende relevant sind, deren Kinder in die jeweiligen Altersgrenzen der Elternzeit fallen. Gleichermaßen betreffen Unterhaltsregelungen oft nur geschiedene Alleinerziehende und öffentlich finanzierte Kinderbetreuung überwiegend solche, die das Schulalter noch nicht erreicht haben (ausgenommen der nachschulischen Betreuung in Horten).

4.3 Lebensverlauf und Wohlfahrtsstaat

Der in diesem Abschnitt vorgestellte Ansatz ergänzt die bisherigen Perspektiven um die Dimension des Lebensverlaufs. Die Lebensverlaufsperspektive ermöglicht es, die unterschiedliche Relevanz und Wirkung einzelner wohlfahrtsstaatlicher Leistungen für Alleinerziehende in bestimmten Kontexten zu konzeptualisieren. Der Grundgedanke ist, dass Wohlfahrtsstaaten sich darin unterscheiden, in welchem Umfang sie Risiken ihrer Bürgerinnen und Bürger in bestimmten Lebensphasen absichern. Dieser Gedanke ist nicht neu, wurde aber bisher vor allem als allgemeine Perspektive zum Vergleich von institutionellen Konstellationen über die Zeit oder zwischen Ländern formuliert (z. B. Leisering 2003). Dieser Ansatz zur Beziehung zwischen Wohlfahrtsstaat und Lebensverlauf soll diesem Abschnitt kurz ausgeführt werden (Abschn. 4.3.1) sowie die Bedeutung des soziodemografischen Wandels für den Zusammenhang zwischen Wohlfahrtsstaat und Lebensverlauf (Abschn. 4.3.2).

4.3.1 Der fordistische Lebenszyklus

Nach Mayer (1998) kann der Lebensverlauf als sequenzielle Abfolge der Mitgliedschaft in sozialen Institutionen definiert werden. Diese Definition stellt die Verschränkung von individueller und gesellschaftlicher Ebene als zentrales strukturierendes Element heraus. Individuelle Lebensverläufe sind demnach durch die gesellschaftlichen Institutionen getaktet. Aus dieser Perspektive ist nicht nur die normative Ebene in Form von institutionalisierten Leitbildern verankert, auf welcher altersspezifische Erwartungen an bestimmte soziale Positionen verhandelt werden, sondern auch die rechtlich kodifizierten Regularien, welche Verhaltensvorschriften mit Lebensalter verknüpfen oder die Sequenzierung bestimmter Lebensphasen „vorschreiben oder nahelegen" (Diewald 2013, S. 554). In der Summe wurden die einzelnen ideologischen und regulativen Komponenten der Institutionalisierung von Lebensverläufen auch als Lebenslaufregime bezeichnet, da sie für den jeweiligen gesellschaftlichen Kontext spezifische Muster der Organisation und Reihung von Lebensphasen erwarten lassen. Wohlfahrtsstaaten zählen zu den zentralen strukturierenden Einheiten. Sie beeinflussen die zeitlichen Muster des Lebens (Leisering 2003, S. 205) und unterstützen stets eine bestimmte Idee eines ‚Normalverlaufs'. Diese Normalität war für viele Jahrzehnte durch das geprägt, was Myles den „fordistischen Lebenszyklus" (Myles 1990; vgl. auch Lessenich 1995) nennt. Der fordistische Lebenszyklus bezieht sich auf ein generalisiertes Lebensverlaufsmodell, welches das Produktionsregime der Nachkriegszeit untermauerte (Myles 1990). Es bedurfte eines Interventionsstaates, der hohe Einkommen, Beschäftigungssicherheit, hohe Ersatzleistungen und Renteneinkommen sicherte, die den vorherigen Lebensstandard ermöglichten (Lessenich 1995). Die feministische Wohlfahrtsstaatsforschung unterstrich den schon von Myles beschriebenen Tatbestand, dass im fordistischen Modell die geschlechtsspezifische Arbeitsteilung fest institutionell verankert war (Lewis 1992). Es bestand die Erwartung, dass der Mann durch Erwerbsarbeit die Rolle des Ernährers übernahm, während die Frau sich um die Hausarbeit und die Kinderbetreuung kümmerte (Lewis 1997). Das Modell des fordistischen Lebenszyklus ist auch im Konzept der ‚Normalbiographie' angelegt (Kohli 1985, 2003). Eins seiner Hauptmerkmale ist die Dreiteilung in die Phasen der Kindheit und Jugend, der Erwerbstätigenphase und der späteren Lebensphase des Ruhestands (Kohli 1985). Auch dieses Konzept ist auf die Lebensverläufe von Männern zugeschnitten, da die Lebensverläufe von Frauen weniger um die Erwerbsarbeit standardisiert waren (Lévy 1977). Die Dreiteilung war historisch durch das Verbot von Kinderarbeit, die Einführung öffentlicher Bildung und den Ausschluss von Rentnern aus den Arbeitsmärkten eingeleitet worden (Kohli 1985; Leisering 2003). Wohlfahrtsstaaten haben diese Aufteilung seitdem gestützt.

Drei Politikbereiche bilden die Dreiteilung im Wohlfahrtsstaat ab: das Bildungssystem, das System des Risikomanagements und das Rentensystem (Leisering 2003). Bildungs- und Rentensystem sind über die Definition der Schüler auf der einen Seite und der Rentner auf der anderen Seite bestimmt. Regulierung der Kinderarbeit und Schulpflicht definieren Bildung als einen integralen Bestandteil des Lebensverlaufs. Mit der Rolle der Schüler ist auch die Erwartung verbunden, dass diese in ihre Bildung investieren, um später am Erwerbsleben teilhaben zu können. Das Rentensystem definiert den Eintritt ins Rentenalter und die Logik der Rentenzahlungen. Kontinuierliche Vollzeiterwerbstätigkeit gilt als die Norm, was sich auch in der Regulierung von Rentenbeitragszahlungen ablesen lässt. Das System des Risikomanagements ist dadurch definiert, dass es Diskontinuitäten des Lebens überbrückt, wann immer sie auftreten (Leisering 2003, S. 211). Kontinuität wird erreicht, indem der Lebensverlauf ‚geflickt' wird, wo er durch Arbeitslosigkeit, gesundheitliche Einschränkungen oder Übergänge im Familienleben unterbrochen wird. Durch die Kriterien, die den Anspruch auf staatliche Leistungen begründen, setzt der Wohlfahrtsstaat gleichzeitig die Norm des Ernährermodells. Ein Beispiel aus dem Rentensystem sind die abgeleiteten Rechte auf Rentenzahlungen für Ehefrauen, oder die Kriterien zum Bezug von Witwenrente. Dies veranschaulicht, wie im Modell des fordistischen Lebenszyklus soziale Rechte für Frauen häufig aus der Arbeitsmarktteilhabe ihrer Ehemänner abgeleitet waren.

4.3.2 Sozialer Wandel und Risikomanagement

Seit den 1970er Jahren hat sich das Modell des fordistischen Lebenszyklus gewandelt. Das vorherrschende Muster wird als post-fordistisches oder auch postindustrielles Modell beschrieben (Mayer 2004; Bonoli 2005). Auf der Mikroebene ist das post-fordistische Lebensverlauf-Modell durch höhere Destandardisierung und mehr Diskontinuitäten geprägt und insgesamt eine schwächere Einbindung der Individuen in die Strukturen der Normalfamilie (Mayer 2004, S. 171). Auf der Makroebene ist ein Wandel der Arbeitsmärkte festzustellen, der bedeutet, dass es weniger stabile und weniger sichere Arbeitsplätze gibt, als zu Zeiten des fordistischen Produktionsregimes (Iversen und Wren 1998; Eichhorst und Marx 2015). Der traditionelle männliche Produktionsarbeiter ist seltener geworden und damit auch der männliche Alleinverdiener, dessen Einkommen die Erhaltung des Lebensstandards seiner Familie sichert. Gleichzeitig sind Frauen verstärkt im Arbeitsmarkt beschäftigt, obgleich häufig in Teilzeitarbeit. Komplementär zu diesen Umbrüchen hat es Umstellungen in der Sozialpolitik gegeben, die teilweise als Reaktion auf die soziodemografischen Entwicklungen zu verstehen sind. Wie oben angesprochen, werden die wohlfahrtsstaatlichen Veränderungen als Reaktion der Sozialpolitik auf die Verbreitung ‚neuer sozialer Risiken' diskutiert (Taylor-Gooby 2004; Bonoli 2005; Jenson 2008). Die Systeme der sozialen Sicherung, die an der fordistischen Ordnung orientiert waren, und vor allem Arbeitsmarktrisiken des männlichen Familienernährers absicherten, standen vor Problemen, die zuvor Randerscheinungen waren. Gesteigerte Aufmerksamkeit bekommen nunmehr die Vereinbarkeit von Beruf und Familie, instabile Beschäftigung, Niedriglohnbeschäftigung und Langzeitarbeitslosigkeit sowie Alleinerziehen (Bonoli 2007; Jenson 2008). Alleinerziehen gilt hierin gewissermaßen als Paradebeispiel für neue Dynamiken im Familienleben.

Neue soziale Risiken lassen sich aufteilen in solche, die auf Veränderungen der Erwerbsarbeit und solche, die auf Veränderung in Familienverläufen zurückgehen. Die Absicherung der erwerbsbezogenen Risiken (instabile Beschäftigung, Niedriglohnbeschäftigung und Langzeitarbeitslosigkeit) kann anhand des Normallebensverlaufs konzeptualisiert werden. Der Sozialstaat tritt hier für Ausfälle aus dem Normalerwerbsverlauf ein. Die Absicherung der familienbezogenen Risiken (Alleinerziehen und Vereinbarkeit von Beruf und Familie) ist konzeptuell weniger eindeutig. Maßnahmen, die auf die Vereinbarkeit von Beruf und Familie abzielen, sind zwar darauf ausgerichtet, familiale Verpflichtungen abzufedern, die einen Normalerwerbsverlauf erschweren. Das ‚Risiko' ist jedoch streng genommen die Elternschaft oder die Sorgeverpflichtung, die eine Erwerbsteilhabe verhindern kann. Vor allem Frauen sind betroffen, da einerseits ihre Erwerbsteilhabe mit dem Aufbrechen des fordistischen Modells und dem Wegfallen des Familienlohns zur Normalität wurde, und dies andererseits nicht bedeutete, dass nun andere die Sorgearbeit übernehmen. Aus dieser Perspektive ist es auch treffend, Alleinerziehen als *neues* soziales Risiko zu verstehen, obgleich es empirisch kein neues Phänomen ist, und seit jeher ein soziales Risiko für die betroffenen Personen darstellt. Es wird als Ergebnis der im post-fordistischen Modell gehäuft auftretenden Trennungen und außerpartnerschaftliche Geburten verstanden.

Das Konzept der neuen sozialen Risiken eignet sich dazu, dieses spezifische historische Moment in der wohlfahrtsstaatlichen Entwicklung abzubilden. Es beschreibt wie die bestehende Ordnung einer prägenden Phase üppiger Sozialpolitik in reichen Industrieländern aufbrach. Die Unterscheidung von alten und neuen Risiken wurde also mit Blick auf den Entstehungsprozess von sozialpolitischen Reformen getroffen. Zur Durchsetzung von Sozialpolitik, die neue soziale Risiken absicherte, waren die alten Akteurskonstellationen nicht mehr dienlich (Bonoli 2005). Alleinerziehende sind hier als eine der sozialen Gruppen relevant, deren Interessen nicht strukturell in den politischen Entscheidungsorganen repräsentiert sind. Für die Charakterisierung spezifischer sozialpolitischer Maßnahmen im post-fordistischen Modell ist das Konzept der neuen sozialen Risiken jedoch nicht entworfen worden. Ebenso wenig eignet sich die Perspektive dazu, die Unterstützung Alleinerziehender umfassend zu konzeptualisieren, da wie in anderen Ansätzen implizit von Alleinerziehen als einem einheitlichen Risiko ausgegangen wird.

4.4 Risikotypen

Dieser Abschnitt schlägt vor, die Beziehung zwischen Alleinerziehen als Lebensform und dem Wohlfahrtsstaat über die Absicherung von Risiken zu konzeptualisieren, die sich in unterschiedliche Risikotypen aufteilen lassen. Das Alleinerziehen kann dabei als Beispielfall für Ereigniskonstellationen im Lebensverlauf gelten, die den Individuen den Zugang zu bestimmten sozialen und ökonomischen Ressourcen erschweren können. Der Wohlfahrtsstaat nimmt hier eine Funktion der Vermittlung zwischen den Ereignissen und den Lebensbedingungen ein. Dafür stellt er in Form sozialer Rechte Absicherung für bestimmte Risiken bereit, die sich aus den Ereigniskonstellationen ergeben. Wohlfahrtsstaaten unterscheiden sich unterdies darin, gegen welche sich aus den Ereigniskonstellationen ergebenden Risiken sie vorsorgen.

4.4 Risikotypen

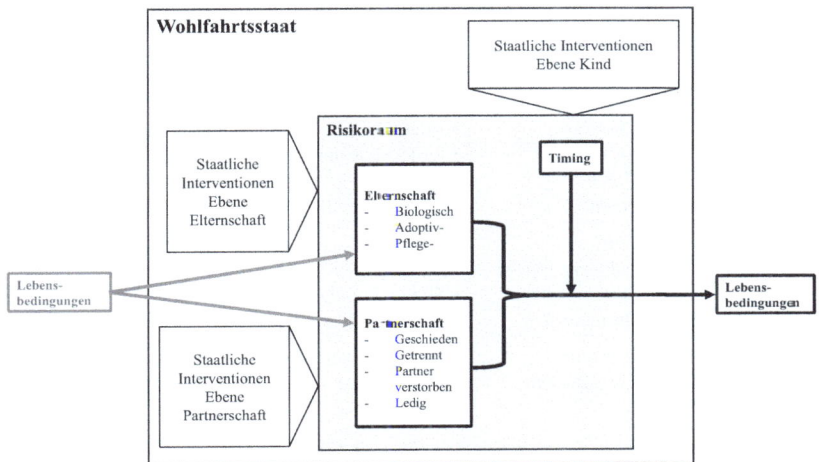

Abb. 4.1 Der Risikoraum des Alleinerziehens und die Absicherung von Risikotypen im Wohlfahrtsstaat. (Eigene Darstellung in Anlehnung an Kaufmann 1982)

Abb. 4.1 erweitert das oben erstellte Schema von Alleinerziehen als Risikoraum um die makrostrukturelle Dimension des Wohlfahrtsstaats. Die wohlfahrtsstaatliche Dimension wird in Anlehnung an Kaufmann (1982) als sozialpolitische Interventionen konzeptualisiert, die sich auf die drei Ebenen der Elternschaft, Partnerschaft und des Timings des Alleinerziehens im Lebensverlauf beziehen. Das Besondere an diesem Ansatz ist, dass die Intervention des Wohlfahrtsstaates in die Lebensbedingungen Alleinerziehender in ihrer Mehrdimensionalität abgebildet werden können.

Tab. 4.1 fasst einige der für Alleinerziehende relevanten wohlfahrtsstaatlichen Regelungen anhand der drei Risikotypen auf den von Kaufmann (1982) definierten Dimensionen sozialpolitischer Intervention zusammen. Die rechtliche Interventionsform zielt darauf ab, den rechtlichen Status von Personen zu verbessern, die ökonomische ihre Einkommensverhältnisse, die ökologische ihre materielle und soziale Umwelt und die pädagogische ihre Handlungskompetenz (Kaufmann 1982). Es wird deutlich, dass nicht nur die viel diskutierten Leistungen der Familienpolitik für Alleinerziehende relevant sind, sondern auch rechtliche Regelungen der Elternschaftsbeziehung, wie das Sorgerecht, und der Partnerschaft zwischen den Eltern, wie steuerliche Regelungen und das Eherecht.

Tab. 4.1 Wohlfahrtsstaatliche Regelungen nach Risikotypen. (Anmerkungen: in Anlehnung an Kaufmann [1982])

	Elternschaft	Partnerschaft	Timing
Rechtlich	• ART[a]-Gesetze • Adoptionsrecht • Sozialrecht • Sorgerecht	• Eherecht • Lebenspartnerschaftsgesetz	• Elternzeit • Schulpflicht • Jugendschutz
Ökonomisch	• Unterhalt • Arbeitslosenversicherung • Sozialtransfers	• Unterhalt • Steuern • Sozialversicherungen • Sozialtransfers	• Elterngeld • Familientransfers • Schulgeld
Ökologisch	• Familienzentren • Beratungsstellen	• Frauenhäuser	• Kinderbetreuung • Bildungseinrichtungen • Öffentliche Spielstätten
Pädagogisch	• Psychologische Dienste • Elternberatung	• Psychologische Dienste • Mediation	• Bildungsangebote • Freizeitangebote

[a]Gesetze zur Regulierung von assistierter Reproduktionsmedizin

Die staatliche Intervention auf der Ebene der Elternschaft beeinflusst die Risiken des Alleinerziehens dadurch, welchen rechtlichen Status das alleinerziehende Elternteil einnehmen kann, zum Beispiel durch Regulierung des Sorgerechts, von Maßnahmen der Reproduktionsmedizin, der Adoption und der Pflegeelternschaft. Das Sorgerecht regelt zudem die Optionen der Kontaktpflege zwischen Eltern und Kindern. Ökonomisch bezieht sich die staatliche Intervention darauf, welche Ansprüche auf finanzielle Unterstützung sich auf der rechtlichen Basis ergeben, zum Beispiel in Form der Arbeitslosigkeitsversicherung und Grundsicherung, insofern sie eine Berücksichtigung des Alleinerziehens beinhalten, zum Beispiel in Form eines Zusatzbetrags (sogenannte Mehrbedarfe in der Grundsicherung im Falle Deutschlands). Angebote der Infrastruktur können zum Beispiel regionale Familienzentren sein, in denen sich Eltern mit ihren Kindern aufhalten und Angebote nutzen können sowie Beratungsstellen. Unter der pädagogischen Interventionsform auf Ebene der Elternschaft werden etwa staatlich geförderte psychologische Dienste oder Erziehungskurse für Eltern gefasst.

Auf Ebene der Partnerschaft reguliert der Staat den rechtlichen Status der potenziell vorangegangenen oder nachfolgenden Partnerschaft im Eherecht und

4.4 Risikotypen

im Lebenspartnerschaftsgesetz und die sich daraus oder aus dem Fehlen solcher Beziehungen ergebenden finanziellen Leistungen der ökonomischen Intervention, zum Beispiel in Form von Unterhaltsregelungen. Hier ist entscheidend, für welche Art der Beziehung sie gültig sind (nur Ehe oder auch Lebenspartnerschaft und/oder nicht eheliche Lebensgemeinschaften). Auch das Steuersystem spielt hier eine Rolle, da es zum Beispiel Steuersätze für Alleinerziehende bestimmt, und im Gegensatz dazu, ob die Besteuerung in Partnerschaften individuell oder auf Paarebene geschieht. Die Regelungen der Sozialversicherungen können ebenfalls Auswirkungen auf die ökomische Situation von Alleinerziehenden haben, da sie bestimmen, welche Familienmitglieder mitversichert sind. Dies kann bei geschiedenen Alleinerziehenden, die vor der Scheidung bei ihrem Ehemann mitversichert waren bedeuten, dass sie nach der Scheidung andere Absicherung zu gegebenenfalls höheren Kosten finden müssen. Frauenhäuser und ähnliche Einrichtungen können als ein Beispiel für ökologische Intervention auf Ebene der Partnerschaft gelten und psychologische Dienste, zum Beispiel im Falle von Scheidung oder Trennung, als pädagogische Interventionsform.

Da sich die Ebene des Timings auf die durch das Alter des Kindes markierte Phase im Lebensverlauf bezieht, in der das Alleinerziehen auftritt, ist die staatliche Intervention als Regulierung der unterschiedlichen Kindheitsphasen zu verstehen. Eine rechtliche Taktung von Kindheit ist zum Beispiel durch die zeitlichen Ansprüche auf Betreuungszeit, durch die Schulpflicht bzw. das rechtliche Einschulungsalter sowie den Jugendschutz hergestellt. Ökonomisch interveniert der Staat auf Ebene des Timings durch die Regelungen des Elterngeldes, Familientransfers und möglichen Schulgeldauflagen. Kinderbetreuungs- und Bildungseinrichtungen können als ökologische Interventionsformen auf Ebene des Timings gesehen werden, da sie üblicherweise mit Altersgrenzen der Kinder einhergehen.

Diese Konzeptualisierung von wohlfahrtsstaatlichen Einflüssen auf die Situation von Alleinerziehenden ermöglicht einen umfassenden Blick auf die Beziehungen zwischen Wohlfahrtsstaat und Alleinerziehen. Die Perspektive muss dabei nicht auf Alleinerziehen als Lebensform beschränkt bleiben. Die konzeptuelle Perspektive auf die mit Elternschaft, Partnerschaft und Kindern unterschiedlichen Alters verbundenen Risiken, die durch den Wohlfahrtsstaat abgesichert werden, lässt auch die Erfassung anderer familialer Lebensformen zu. Der Fokus auf das Alleinerziehen kann somit als Beispielfall verstanden werden, der in den nachfolgenden Kapiteln anhand von zwei Fällen empirisch illustriert werden soll.

4.5 Empirische Abbildung von Alleinerziehen als Lebensform im Wohlfahrtsstaat

Die quantitativ empirische Betrachtung von Alleinerziehen als Lebensform im Lebensverlauf stellt bestimmte Anforderungen an Daten und Methoden. Anders als beim Querschnittsvergleich von Alleinerziehenden und Paarfamilien als distinkte Gruppen setzt die Betrachtung im Lebensverlauf voraus, dass die Prozesse in der Familienbiografie abgebildet werden können. Die folgenden Abschnitte geben einen kurzen Überblick über die Hauptthemen und Probleme bei der Analyse von Alleinerziehen als Lebensverlaufsphänomen im Wohlfahrtsstaat.

4.5.1 Methodische Aspekte

Für die mikroanalytische Betrachtung von Alleinerziehen als Lebensverlaufsphänomen im Wohlfahrtsstaat bieten sich unterschiedliche Analyseverfahren an. Es soll hier nicht im Einzelnen auf die Vor- und Nachteile einzelner Methoden eingegangen werden. Vielmehr soll auf einige zentrale methodische Themen hingewiesen werden, die mit der Analyse von Alleinerziehen im Längsschnitt einhergehen. In Anlehnung an die Logik der Querschnittsbetrachtung ist eine grundlegende Frage zunächst die nach der substanziell bedeutungsvollen Vergleichsgruppe. Zwischen wem die interessierenden Outcomes verglichen werden sollen ist manchmal nicht einfach zu entscheiden und empirisch zu bestimmen. Die oben ausgeführte konzeptuelle Perspektive gibt vor, dass Alleinerziehende nicht nur mit Eltern in Partnerschaft verglichen werden sollten, sondern auch untereinander je nach ihrer Übergangserfahrung, da von jeweils unterschiedlichen Risiken auszugehen ist. Hierzu ist dann aus methodischer Sicht zu spezifizieren, ob für jeden möglichen Übergang ins Alleinerziehen eine Vorher-Nachher-Perspektive eingenommen werden kann. Sowohl der Vergleich der Outcomes zwischen den unterschiedlichen Risikotypen kann hierbei relevant sein, als auch die Gegenüberstellung mit Outcomes von Eltern, die keinen Übergang ins Alleinerziehen erleben. Damit geht auch eine theoretische Positionierung darüber einher, ob Alleinerziehen als ursächlich für bestimmte Lebenslagen angesehen wird. In diesem Fall bedarf es eines methodischen Ansatzes, der in der Lage ist, die Wirkung des Alleinerziehens getrennt von Faktoren darzustellen, die sowohl den Übergang ins Alleinerziehen begünstigen, als auch die jeweiligen Outcomes.

Die Bestimmung des eigentlichen Übergangs ins Alleinerziehen ist allerdings anhand von quantitativen Umfragedaten alles andere als einfach. Gerade wenn Alleinerziehen in der Längsschnittperspektive dargestellt werden soll, ist

4.5 Empirische Abbildung von Alleinerziehen als Lebensform …

es wichtig zu berücksichtigen, dass die Übergänge meist keine punktuellen Statusänderungen darstellen, sondern sich dahinter lang andauernde soziale Prozesse verbergen. Einer Trennung gehen oft Phasen des Konflikts in der Partnerschaft voraus, deren Stärke über die Zeit nicht stabil bleibt (Amato 2000). Es ist zudem plausibel anzunehmen, dass es insgesamt nicht nur auf die Haushaltskonstellation ankommt, ob ein Elternteil die Erziehung des gemeinsamen Kindes ‚allein' übernimmt. Vielmehr kann die asymmetrische Verteilung der Erziehungsarbeit auch als Trennungsmotivation angenommen werden. Eine rechtliche Scheidung ist zudem von der Trennung in Bezug auf die Wohnsituation zu unterscheiden, da die Scheidung mit einem längeren Vorlauf rechtlicher Vorgänge verbunden ist (der unter anderem den Nachweis getrennter Haushalte voraussetzt). Auch die Geburt eines Kindes ist bekanntermaßen kein plötzliches, unerwartetes Ereignis. Es ist wahrscheinlich, dass zumindest die Frauen, die gewünscht ohne Partner ein Kind erwarten[2], die Zeit der Schwangerschaft dazu nutzen, sich auf die bevorstehende Situation vorzubereiten. Die Lage ist noch komplexer, wenn die Empfängnis zum Zeitpunkt einer festen Partnerschaft stattfand, die aber im Laufe der Schwangerschaft gelöst wird (vgl. Edin und Kefalas 2005). Ein anderes Beispiel ist die Adoption eines Kindes, der ein langwieriger, emotionaler und bürokratischer Prozess vorangeht. Zwar ist auch dies im Vergleich mit Trennung und Scheidung ein seltener Übergang ins Alleinerziehen, jedoch veranschaulichen die Beispiele die Vielschichtigkeit des Problems, den Übergang ins Alleinerziehen eindeutig festzustellen.

Neben der Definition unterschiedlicher Übergänge ins Alleinerziehen hat die Längsschnittperspektive weitere Fallstricke. Zusätzliche zur Definition des Eintritts ins Alleinerziehen ist auch die Frage nach dem Ende und damit der Dauer der Lebensform im Lebensverlauf zu bestimmen. Oft ist ein Problem, dass neue Partnerschaften nicht einfach zu identifizieren sind. Und wenn diese bestimmt wurden, ist es auf Basis der Umfragedaten nicht immer einfach festzustellen, in welchem Umfang der neue Partner oder die neue Partnerin in die alltäglichen Abläufe ihrer neuen Familienform eingebunden ist.

---

[2]Bei diesen Frauen handelt es sich empirisch um eine nach wie vor kleine Gruppe. Sie soll aber theoretisch mitbedacht werden, da die Möglichkeiten und auch die Akzeptanz alleinstehender Mutterschaft insgesamt gestiegen sind (e.g. Graham 2012).

4.5.2 Daten

Die quantitative empirische Untersuchung von Alleinerziehen als Lebensverlaufsphänomen im Wohlfahrtsstaat stellt zwei grundlegende Bedingungen. Erstens müssen die verwendeten Daten die Prozesse auf der Individualebene abbilden können. Es muss möglich sein, Veränderungen im Familienleben über die Zeit zu verfolgen. Im Rahmen der in diesem Kapitel ausgeführten konzeptuellen Perspektive zählen dazu Veränderungen in den Beziehungsstrukturen zwischen Partnern und zwischen Eltern und ihren Kindern. Zweitens müssen die spezifischen institutionellen Regelungen, in deren Kontext die individuellen Prozesse stattfinden, berücksichtigt werden können. Dies ist einerseits möglich über die detailreiche Beschreibung eines einzelnen Wohlfahrtsstaatskontextes, für den auch hochwertige Längsschnitt-Individualdaten vorliegen. Für die kausale Analyse wäre es wünschenswert, wenn zusätzlich eine Veränderung im institutionellen Kontext über die Zeit beobachtet werden kann, was wiederum die Anforderungen an die Individualdaten erhöht. Von den beobachteten Veränderungen auf der Makroebene lassen sich entsprechend Erwartungen für Auswirkungen auf die Mikroebene formulieren und anhand des Vorher-Nachher-Vergleichs testen. Hier lassen sich auch historische Analysen einordnen, die Auswirkungen bestimmter periodischer Ereignisse untersuchen (Elder Jr. 1974). Eine weitere Möglichkeit, die am erstrebenswertesten gelten kann, ist der Ländervergleich (Siegel 2007). Hier lassen sich entweder wenige Fälle mit unterschiedlichen Rahmenbedingungen und ähnlichen Outcomes auf der Mikroebene oder mit ähnlichen Rahmenbedingungen und unterschiedlichen Outcomes betrachten. Auch die Analyse einer möglichst großen Anzahl an Ländern mit möglichst hoher Vielfalt in den institutionellen Bedingungen ist möglich (Mayer 2009; vgl. Bryan und Jenkins 2016).

In ländervergleichender Perspektive stehen einige Datensätze zur Verfügung, von denen jeder mit eigenen Möglichkeiten und Grenzen einhergeht. Eine mögliche Datenquelle stellen das *European Community Household Panel* (ECHP) (1994–2001) und die diese seit 2003/2004 ersetzende Umfrage der *European Union Statistics of Income and Living Conditions* (EU-SILC) dar, die in allen Mitgliedsstaaten der EU seither jährlich erhoben wird. Das EU-SILC umfasst Daten von Individuen, die über jeweils vier Beobachtungsjahre befragt wurden (rotierendes Panel). Trotz der einmaligen Möglichkeit, Individualanalysen im Längsschnitt und im Ländervergleich durchzuführen, hat das EU-SILC einige Schwächen. Diese beziehen sich in Bezug auf die Thematik des Alleinerziehens im Lebenslauf vor allem auf die Erhebungsstruktur des rotierenden Panels, der Stichprobenfluktuation sowie der Identifikation von Haushaltsstrukturen (Iacovou et al. 2012). Insbesondere hinsichtlich der frühen Erhebungswellen

4.5 Empirische Abbildung von Alleinerziehen als Lebensform ...

wurden auch verstärkt Probleme mit der Repräsentativität der EU-SILC Daten diskutiert (Hauser 2007). Weitere Datensätze sind das *Generations and Gender Survey* (GGS) (Vikat et al. 2008), das bisher lediglich zwei Erhebungswellen erfasst sowie das *Survey of Health, Ageing and Retirement in Europe* (SHARE), in dem retrospektive Lebensverlaufsdaten von älteren Personen in europäischen Ländern erhoben wurden. Charakteristisch für den SHARE Datensatz ist daher, dass sich Familienverläufe von älteren Geburtskohorten rückblickend nachzeichnen lassen, über die aktuellen Lebensbedingungen Alleinerziehender aber wenige Informationen enthalten sind.

Für Deutschland stehen verschiedene hochwertige Längsschnittdatensätze zur Verfügung. Hier kann also entweder die Strategie der reichhaltigen Fallbeschreibung oder das Vorher-Nachher-Design angelegt werden. Deutschland bietet außerdem mit der Teilung zwischen Ost- und Westdeutschland 1949–1990 den einmaligen Fall des Vergleichs zweier historisch unterschiedlicher institutioneller Settings innerhalb eines weitgehend ähnlichen kulturellen Kontexts. Forschungsdesigns, die sich des Vergleichs zwischen sozialen Prozessen in Ost- und Westdeutschland bedienen, werden auch als Annäherung an ein natürliches Experiment bezeichnet und sind in der Familiensoziologie und Demografie verbreitet (z. B. Timm 2000; Bastin et al. 2012; Huinink et al. 2012; Fasang 2015; Raab 2017).

Eine attraktive Quelle von Längsschnittdaten ist das Deutsche Familienpanel *pairfam*. Pairfam ist eine seit 2008 durchgeführte Individualerhebung in Deutschland, die insbesondere Themen der Partnerschaft, Fertilität und des Familienlebens, aber auch die sozioökonomische Lage der Befragten berücksichtigt. Pairfam ist als Multi-Actor-Design konzipiert, das heißt es werden neben den sogenannten Ankerpersonen auch deren Partner, Kinder und Eltern befragt. Es wurden repräsentative Stichproben von drei Geburtskohorten erhoben (1971–1973, 1981–1983, 1991–1993) sowie äquivalente Ergänzungsstichproben der Bevölkerung in Ostdeutschland (genannt „Demodiff"). Pairfam ist eine reichhaltige Datenquelle und für einige Fragestellungen sehr geeignet. Auch lassen sich zum Beispiel umfassende Partnerschaftsbiografien mit den retrospektiv erhobenen Biografiedaten rekonstruieren (Bastin 2016). Bei der Analyse von heterogenen Übergängen ins Alleinerziehen auf Basis der jährlich erhobenen Umfragedaten stößt man jedoch leicht auf ein Fallzahlenproblem.

Aus diesem Grunde wird auch im Folgenden auf das Sozio-oekonomische Panel (SOEP) des Deutschen Instituts für Wirtschaftsforschung in Berlin (Wagner et al. 2007) zurückgegriffen, das eine weitere verlässliche Quelle für qualitativ hochwertige Längsschnittdaten in Deutschland bietet. Zahlreiche Studien zu Alleinerziehenden in Deutschland haben gerade in den letzten Jahren die Potenziale dieses Längsschnittdatensatzes aufgezeigt (Ott et al. 2012; Hancioglu und

Hartmann 2013; Kraus 2014; Zagel 2014; Hancioglu 2015). Das SOEP ist ein jährliches Haushaltspanel und startete 1984 mit einer repräsentativen Stichprobe der Bevölkerung in Westdeutschland. 1990 wurde das SOEP um die Stichprobe der in Ostdeutschland lebenden Bevölkerung erweitert und seit 2000 mit zahlreichen Auffrischungsstichproben ergänzt, um der Fluktuation in der Stichprobe entgegenzuwirken. In 2015 wurden insgesamt über 25.000 Haushalte im Rahmen der SOEP Erhebung befragt. Die Anzahl der Alleinerziehenden, die im SOEP erfasst sind, variiert mit der angelegten Definition. Einen gemeinsamen Nenner der unterschiedlichen Studien stellt allerdings die haushaltsbasierte Definition des Alleinerziehens auf Basis des SOEP dar. Anders als im pairfam Datensatz ist es beispielsweise mit dem SOEP weniger gut möglich, die Beziehungsmuster der Haushaltsmitglieder nach Auflösung der elterlichen Partnerschaft nachzuvollziehen. Meist ist Alleinerziehen auf Basis des SOEP also strukturell definiert anhand der Koresidenz eines einzelnen Elternteils mit den minderjährigen Kindern im gemeinsamen Haushalt. Da die Befragungsintervalle jährlich sind, ist ein Übergang ins Alleinerziehen durch die Veränderung der Haushaltsstruktur im Abstand eines Jahres markiert. Auch monatliche Veränderungen der Partnerschaftsbiografie sind im SOEP erfasst, sie finden aber in der Alleinerziehendenforschung bisher wenig Anwendung. Grundsätzlich bietet das SOEP reichhaltige Möglichkeiten der Analyse heterogener Lebensbedingungen Alleinerziehender in Deutschland. Es deckt sowohl einen langen Zeitraum als auch seit 1990 neben Westdeutschland auch Ostdeutschland ab, womit unterschiedliche makrostrukturelle Vergleichsperspektiven möglich sind.

Timing des Alleinerziehens und Familienpolitik 5

Der hauptsächliche Fokus von Forschung und Politik zum Thema Alleinerziehen ist die ökonomische Situation von alleinerziehenden Müttern und ihren Kindern. Dies ist traditionell der Bereich, in dem der Wohlfahrtsstaat unterstützend in das Familienleben eingreift. In Deutschland stehen Alleinerziehenden unterschiedliche familienpolitische Leistungen zur Verfügung, die direkt oder indirekt auf ihre ökonomische Position wirken sollen. Auch im vorliegenden Kapitel wird der Fokus auf die ökonomische Situation Alleinerziehender im Wohlfahrtsstaat eingenommen, um der viel diskutierten Thematik eine neue Perspektive hinzuzufügen. Ausgangspunkt ist die Annahme, dass großzügige Familienpolitik das Wohlbefinden von Alleinerziehenden verbessert. Diese in vergleichenden Studien oft implizit getroffene Annahme (z. B. Misra et al. 2012; Maldonado und Nieuwenhuis 2015) soll im vorliegenden Kapitel qualifiziert werden. Der Beitrag besteht darin, die Aggregatperspektive des durchschnittlichen Effekts einer familienpolitischen Maßnahme auf unterschiedliche ‚Familientypen' zu zerlegen. Insbesondere wird die Gruppe der Alleinerziehenden anhand des Timings des Alleinerziehens im Lebensverlauf sowie anhand der Dimension der Partnerschaft disaggregiert. Die übergeordnete Frage ist also, ob sich die Auswirkungen großzügiger Familienpolitik auf das ökonomische Wohlbefinden Alleinerziehender je nach Timing im Lebensverlauf und Familienstand unterscheiden.

Wie oben besprochen (Kap. 3) werden diese Aspekte selten als systematischer Einflussfaktor in empirische Analysen des ökonomischen Wohlbefindens Alleinerziehender einbezogen. Gerade das Timing kann aber entscheidend dafür sein, ob die Alleinerziehenden überhaupt zum Empfängerinnenkreis der jeweiligen familienpolitischen Regelungen zählen. Eine politische Maßnahme, deren Leistungsanspruch nur für Eltern von Kindern unter fünf Jahren gilt, betrifft eben auch nur Alleinerziehende (und Eltern in Partnerschaft) mit Kindern unter dieser Altersgrenze. Diese

Feststellung liegt so nahe, dass sie selten thematisiert wird, wenn die Auswirkungen von Familienpolitik zwischen Alleinerziehenden und Eltern in Partnerschaft verglichen werden. Die tatsächliche Effektivität bestimmter sozial- oder familienpolitischer Leistungen kann allerdings erst richtig eingeschätzt werden, wenn der Empfängerkreis einbezogen wird (vgl. Clasen und Siegel 2007). Dies ist in international vergleichenden Studien besonders entscheidend, da sowohl die Größe und Struktur des Empfängerkreises als auch die Zugangsbedingungen zu familienpolitischen Leistungen zwischen Ländern variieren. Dies gilt sowohl für Alleinerziehende als auch für Eltern in Partnerschaft. Alleinerziehende unterscheiden sich jedoch von den Eltern in Partnerschaft dadurch, dass sie nicht prinzipiell alle bereits zu Beginn des Lebens ihres Kindes, wenn die meisten der familienpolitischen Leistungen ansetzen, auch schon alleinerziehend sind. Basierend auf den oben formulierten theoretischen Überlegungen ist zu erwarten, dass unterschiedliche Risikotypen des Alleinerziehens auch mit unterschiedlichen ökonomischen Outcomes einhergehen.

Im Folgenden soll nun mit Elterngeld- und Elternzeit eine bestimmte familienpolitische Leistung in den Blick genommen und hinsichtlich der ökonomischen Situation Alleinerziehender untersucht werden. Die folgenden Analysen untersuchen, inwiefern Elternzeit- und Elterngeldregelungen in Deutschland die ökonomische Position von Alleinerziehenden beeinflussen. Dafür untersuche ich anhand von Daten aus dem Sozio-oekonomischen Panel (SOEP) Auswirkungen der Reformen der Elternzeit- und Elterngeldregelungen in Deutschland in 2007. Konkret betrachte ich, ob sich diese auf die Einkommenssituation alleinerziehender Mütter mit Kindern unter drei Jahren anders ausgewirkt hat, als für alleinerziehende Mütter, die mit Kindern im Alter ab 3 Jahren im Haushalt lebten. Weiterhin wird betrachtet, ob die Auswirkungen sich zwischen Alleinerziehenden mit unterschiedlichem rechtlichen Familienstand unterscheiden. Dazu sollen zunächst die Eckpunkte der Elterngeldreform von 2007 dargestellt werden (5.1). Danach wird das Analysedesign beschrieben (5.2), die Ergebnisse präsentiert (5.3) und schließlich die Schlüsse aus der Untersuchung zusammengefasst (5.4).

5.1 Elternzeit- und Elterngeldreform

Das deutsche System der Elternzeit folgte lange dem Ideal des männlichen Alleinverdieners. Mütter hatten traditionell besonders in Westdeutschland lange Unterbrechungen ihrer Erwerbsarbeit nach Geburt ihres Kindes (Hanel und Riphahn 2012). In den 2000er Jahren formierte sich jedoch in der Politik ein Wandel (Ostner 2010). Es wurden verschiedene Reformen auf den Weg gebracht, die politisch dadurch motiviert waren, die Müttererwerbstätigkeit zu steigern und den Geburtenrückgang aufzuhalten (Rürup und Gruescu 2006). Eine der zentralen Reformen war die Elternzeit- und Elterngeldreform, die 2006 beschlossen und 2007 implementiert wurde. Die Reform bedeutete, dass die bisherige Regelung großzügiger zeitlicher Rechte mit niedriger bedarfsgeprüfter Transferzahlung für erwerbstätige Eltern durch eine am schwedischen Modell ausgerichtete einkommensabhängige Regelung ersetzt wurde. Seit 1992 hatte die in Deutschland gewährte Elternzeit drei Jahre Erziehungszeit zu Hause abgesichert, die für maximal zwei Jahre mit einem international vergleichsweise niedrigen Betrag den Lohnausfall abmilderte (Henninger et al. 2008). Das seit 2007 bestehende Modell beinhaltet 12 Monate Elterngeldzahlung für ein Elternteil, und 14 Monate, wenn das zweite Elternteil mindestens 2 Monate nimmt. Alleinerziehenden stehen die 14 Monate allein zu. Das Elterngeld ersetzt mit Finanzierung durch die Bundesfamilienkasse bis zu 67 % des Einkommens aus dem vorangegangenen Jahr.[1] Die Reform eignet sich zur Analyse der Frage nach Auswirkungen von Großzügigkeit familienpolitischer Leistungen auf Familien, da sie für die Anspruchsberechtigten eine relative Verbesserung der Einkommenssituation in der Zeit nach der Geburt bedeuteten. Bisherige Studien finden, dass die Reform sowohl eine bessere Reintegration von Müttern in den Arbeitsmarkt bewirkt hat sowie höhere verfügbare Einkommen (Bujard und Passet 2013; Geyer et al. 2013). Die Befürchtung einiger Beobachterinnen, dass Nachteile der Reform für Niedrigverdiener entstehen könnten (Henninger et al. 2008), hat sich insgesamt nicht bestätigt. Vor diesem Hintergrund kann auch erwartet werden, dass Alleinerziehende von der Reform profitiert haben, was ihre ökonomische Stellung angeht. Bisherige Studien haben allerdings weder die Auswirkungen der neuen Elterngeldregelung dezidiert für Alleinerziehende untersucht, noch Unterschiede zwischen Alleinerziehenden.

5.2 Analysedesign

Zur Analyse der vorliegenden Fragestellung nach den Auswirkungen der Großzügigkeit von Familienpolitik wird ein Vorher-Nachher Design der Elternzeit- und Elterngeldreform von 2007 angelegt. Im Mittelpunkt steht die Abschätzung,

---

[1]Das Elterngeld beträgt monatlich mindestens 300 EUR und wird bis zu einem Höchstbetrag von 1800 EUR im Monat gezahlt. Bei einem Einkommen, das im Jahr vor der Geburt unter 1000 EUR lag, erhöht sich das Elterngeld (um 0,1 Prozentpunkte für je 2 EUR um die dieses Einkommen den Betrag von 1000 EUR unterschreitet) auf bis zu 100 % (Deutscher Bundestag 2007).

inwiefern unterschiedliche ökonomische Risiken alleinerziehender Mütter durch familienpolitische Maßnahmen abgedeckt werden. Wie oben beschrieben, werden vor allem zwei Aspekte der theoretischen Überlegungen aus den vorigen Kapiteln betrachtet. Die unterschiedlichen Risiken werden dabei einerseits über den Aspekt des Timings des Alleinerziehens und andererseits über die Dimension der Partnerschaft erfasst. Die empirische Analyse teilt sich in zwei Schritte entlang dieser beiden Dimensionen. Im ersten Schritt werden die Effekte des Übergangs ins Alleinerziehen auf das Einkommen für Mütter mit Kindern unterschiedlichen Alters anhand von vier separaten Fixed-Effects Modellen geschätzt. Im zweiten Schritt vergleiche ich das geschätzte Einkommen nach Übergang ins Alleinerziehen zwischen Alleinerziehenden mit unterschiedlichem Familienstand (ledig, getrennt/geschieden, verwitwet).

5.2.1 Vorher-Nachher Design

Das Vor- und Nach-Reform-Design stellt eine sinnvolle Alternative zum Mehrländervergleich dar, in dem Auswirkungen in Wohlfahrtsstaaten mit unterschiedlicher Ausgestaltung der Familienpolitik untersucht werden können. Neben der Möglichkeit, die Wirkung von familienpolitischen Leistungen in einem spezifischen Länderkontext zu beleuchten, der inhaltlich von Interesse ist, gibt es weitere Vorteile dieses Analysedesigns. Der Fokus auf die zeitliche Varianz in einem Land hat im Vergleich zum Fokus auf die Varianz zwischen mehreren Ländern den Vorteil, dass sich die Unterschiede in den Anspruchsregelungen auf ein Muster vor und ein Muster nach der Reform beschränken. In international vergleichenden Studien mehrerer Länder stützt sich die Analyse meist auf gröbere Länderunterschiede in zeitlichen und monetären sozialen Rechten, und feinere Unterschiede in einzelnen Anspruchsregelungen finden weniger Beachtung (wie zum Beispiel variierende Anrechnungszeiträume und andere Zugangsbedingungen).

Ein weiterer Vorteil der Einzelfallstudie, der besonders vor dem Hintergrund der oben diskutierten demografischen Aspekte relevant ist, stellt die vergleichsweise überschaubare Veränderung in der Komposition der Alleinerziehenden zwischen den Vor- und Nach-Reform-Perioden dar. Im internationalen Vergleich ist bekannt, dass die demografischen Profile Alleinerziehender stark variieren (Bernardi und Mortelmans 2017; Chambaz 2001). Auch über die Zeit unterliegt die Zusammensetzung der Gruppe Alleinerziehender einem Wandel, wie am Beispiel der zunehmenden Bedeutung von alleinstehenden im Vergleich zu getrennten Müttern in den 1990er Jahren in Großbritannien veranschaulicht werden kann (Rowlingson und McKay 1998). Wie auch ein Kernargument

5.2 Analysedesign

des vorliegenden Buches, ist der Einfluss dieser soziodemografischen Unterschiede auf die ökonomische Position Alleinerziehender in Verbindung mit den unterschiedlichen Anspruchskriterien schwer abzuschätzen und empirisch unterbeleuchtet. Die Schwierigkeit, diese möglicherweise zwischen Ländern abweichenden Veränderungen zu berücksichtigen, ist in einer Einzellandstudie reduziert.

Quantitative empirische Studien, die Auswirkungen der Familienpolitik auf die ökonomische Position Alleinerziehender international untersuchen, vergleichen meist das Armutsrisiko auf Individual- oder Haushaltsebene als Outcome unter Berücksichtigung individueller und haushaltsstruktureller sowie institutioneller Faktoren (Brady und Burroway 2012; Misra et al. 2012; Maldonado und Nieuwenhuis 2015). Familienpolitik wird in Form unterschiedlicher quantitativer Makroindikatoren in den Modellen bedacht. Übliche Indikatoren sind die Betreuungsquote von Vorschulkindern sowie die Dauer oder die bezahlte Dauer der gewährten Elternzeit (vgl. Lohmann und Zagel 2016). In den Analysen des Effekts von familienpolitischen Leistungen wird üblicherweise für demografische Merkmale, nach denen sich die Gruppen der Alleinerziehenden unterscheiden können, kontrolliert. Die Bereinigung der Effekte (zum Beispiel von Familienpolitik auf die Armutswahrscheinlichkeit von Alleinerziehenden) von demografischen Faktoren wie dem Alter der Mutter oder dem Alter des jüngsten Kindes dient dazu, Vergleichbarkeit zwischen den einbezogenen Länderstichproben herzustellen. Die Interpretation der Effekte einer familienpolitischen Maßnahme wie der Elternzeit auf das Armutsrisiko ist dann ‚unabhängig der Einflüsse der kontrollierten Variablen' zu verstehen. Auf Grundlage der aus solchen Modellen generierten Information lässt sich die Forschungsfrage nicht beantworten, die im vorliegenden Kapitel behandelt wird. Hier interessiert die Wirkung von Familienpolitik gerade in Bezug auf die Unterschiede zwischen Alleinerziehenden mit unterschiedlichen demografischen Profilen (vgl. auch Zagel und Hübgen 2018).

Abb. 5.1 veranschaulicht die Thematik im Ländervergleich anhand eines Beispiels. Es wird der Anteil Alleinerziehender mit Kindern unter 3 Jahren einer Maßzahl für die Ausgestaltung familienpolitischer Leistungen gegenübergestellt. Der Index für Familienpolitik bildet institutionelle staatliche Interventionen in die frühkindliche Phase ab und ist ein Summenindex aus drei standardisierten Indikatoren (Standardisierung: Teilen durch den beobachteten Maximalwert): Anteil der 0–2-Jährigen in formaler Kinderbetreuung, Anzahl der Wochen des Mutterschutzes und Höhe der Transfers während der Elternzeit (als Anteil des durchschnittlichen Einkommens einer Frau in der verarbeitenden Industrie). Die Abbildung zeigt, dass der Anteil Alleinerziehender mit Kleinkindern zwischen den abgebildeten 13 europäischen Ländern stark variiert, und dass diese Gruppe

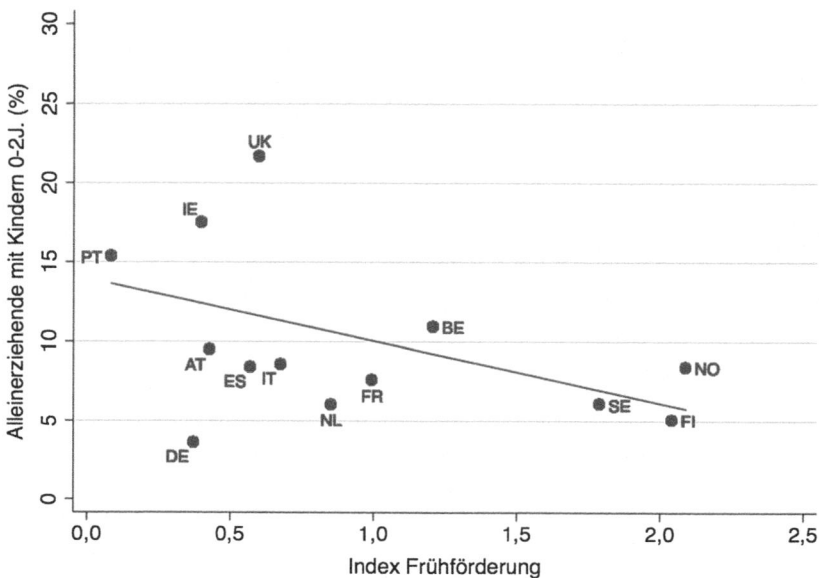

Abb. 5.1 Verteilung Alleinerziehender mit Kleinkindern und Frühförderungspolitik in 13 europäischen Ländern, 2000er Jahre (Anmerkungen: Index Frühförderung ist Summenindex aus drei standardisierten Indikatoren [Standardisierung: Teilen durch den beobachteten Maximalwert]: Anteil der 0–2-Jährigen in formaler Kinderbetreuung, Anzahl der Wochen des Mutterschutzes und Höhe der Transfers während der Elternzeit [als Anteil des durchschnittlichen Einkommens einer Frau in der verarbeitenden Industrie]). (Quellen: EU-SILC; Comparative Family Policy Database; OECD Family Database, eigene Berechnungen)

mit sehr unterschiedlicher Großzügigkeit durch familienpolitische Leistungen abgesichert ist. Die Abbildung unterstreicht die Frage, was die unterschiedliche Absicherung der Alleinerziehenden mit Kleinkindern für die ökonomische Position der Betroffenen, aber auch für die durchschnittliche Position von Alleinerziehenden in einem Land bedeutet.

Dem Argument der lebensverlaufsspezifischen Risiken des Alleinerziehens folgend bedarf es also einer Analyse, die unterschiedliche Effekte von Familienpolitik auf die ökonomische Situation Alleinerziehender zulässt. In einer internationalen Studie ließe sich diese Perspektive implementieren, indem ein Interaktionseffekt zwischen dem Indikator für die jeweilige familienpolitische Maßnahme und einem Indikator für die Lebenslaufphase, wie zum Beispiel das

5.2 Analysedesign

Alter des jüngsten Kindes im Haushalt, geschätzt würde. Der Einzelfall-Ansatz im vorliegenden Kapitel nutzt auch das Alter des jüngsten Kindes als Indikator zur Differenzierung unterschiedlicher Lebensphasen, in denen Alleinerziehen erlebt wird. Es wird untersucht, inwiefern sich das Einkommen von Müttern in Abhängigkeit des Alters des jüngsten Kindes bei Eintritt ins Alleinerziehen verändert, je nachdem ob der Eintritt vor oder nach der Elternzeit- und Elterngeldreform stattgefunden hat.

5.2.2 Daten

Um die Zusammenhänge zu untersuchen, werden Daten aus den jährlichen Befragungswellen 1992–2013 des Sozio-oekonomischen Panels[2] (Wagner et al. 2007) herangezogen. Die Analyse berücksichtigt Frauen zwischen 18 und 59 Jahren die nach 1945 geboren wurden mit minderjährigen Kindern im Haushalt. Die Daten werden in zwei Stichproben aufgeteilt. Dafür werden Personen unterschieden, deren Übergang ins Alleinerziehen vor und nach Umsetzung der Reform in 2007 beobachtet wurde: a) seit der letzten Gesetzesänderung 1992 bis einschließlich 2006 und b) zwischen 2007 bis zum letzten berücksichtigten Befragungsjahr 2013. In den weiteren Analyseschritten wird nach dem Alter des Kindes unterschieden, um die erwarteten unterschiedlichen Effekte zwischen Alleinerziehenden mit und ohne Anspruchsrechte auf Elternzeit und -geld zu überprüfen.

Aufgrund der unterschiedlich langen Beobachtungszeiträume und der Fluktuation der Befragtengruppe des SOEP haben die Stichproben nicht denselben Umfang. In der Periode vor der Reform 1992–2006 werden 7074 Mütter beobachtet, in der Periode nach der Reform 2007–2013 sind es 6135 Mütter. Die Charakterisierung der Gruppen anhand ihrer soziodemografischen Merkmale verdeutlicht, dass sich die Zusammensetzung der kombinierten Stichproben mit beiden Altersgruppen vor und nach der Reform nur geringfügig unterscheidet und somit ein Vergleich möglich erscheint. Tab. 5.1 verschafft hier einen Überblick. Im oberen Teil der Tabelle sind zunächst die deskriptiven Merkmale für das gesamte Sample der Mütter nach den beiden Perioden festgehalten. Da die Ergebnisse ungewichtet sind, sind die Werte nicht repräsentativ, sondern dienen der Veranschaulichung der Stichprobenzusammensetzung. Das Durchschnittsalter der Mütter im Sample ist in der früheren Periode mit 37 im Vergleich zur späteren

---

[2] Für eine Beschreibung des Datensatzes siehe Abschn. 4.5.2.

Tab. 5.1 Deskriptive Statistiken der Stichproben vor und nach der Reform 2007, in Prozent. (Quelle: SOEP (v30) Daten, eigene Berechnungen)

Alle Beobachtungen (Mütter minderjähriger Kinder)		
	1992–2006	2007–2013
Durchschnittliches Alter der Mutter	37	39
Durchschnittliches Alter der Mutter bei Erstgeburt	25	27
Alter des jüngsten Kindes		
0–2 Jahre	20 %	19 %
3–6 Jahre	23 %	23 %
7–12 Jahre	31 %	31 %
13–18 Jahre	24 %	26 %
Logarithmiertes Netto-HH-Einkommen	10,32	10,52
Erwerbstätig	67 %	69 %
Bildungsniveau der Mutter		
Geringer als Abitur/Lehre	23 %	18 %
Abitur oder Lehre	60 %	57 %
Höher als Abitur/Lehre	17 %	25 %
Wohnort Ostdeutschland	25 %	19 %
Beobachtungen während des Alleinerziehens		
	1992–2006	2007–2013
Familienstand		
Ledig	27 %	32 %
Getrennt und geschieden	67 %	64 %
Verwitwet	6 %	4 %
Anzahl der Kinder		
Ein Kind	37 %	44 %
Zwei Kinder	39 %	34 %
Drei oder mehr Kinder	24 %	23 %

mit 39 etwas niedriger. Es haben jeweils 20 % der Mütter ein Kind unter 3 Jahren. Das durchschnittliche Alter der ersten im SOEP erfassten Geburt der Mütter ist in der späteren Periode etwas höher (27 im Vergleich zu 25 Jahren), was aufgrund der allgemeinen Entwicklung aufgeschobener Geburten nicht überrascht. Das durchschnittliche Nettohaushaltseinkommen ist für die Mütter, die nach der

5.2 Analysedesign

Reform beobachtet wurden, allerdings nur leicht erhöht, obwohl der Anteil der Mütter mit Erwerbstätigkeit hier etwas höher ist, ein vor dem Hintergrund des allgemeinen Anstiegs der Müttererwerbstätigkeit zu erwartendes Muster. Möglich wäre hier auch der positive Einfluss der Elterngeldreform auf das Erwerbsverhalten der Mütter. Auch lässt sich in den Daten die leichte Verschiebung im durchschnittlichen Bildungsniveau zugunsten der höher gebildeten feststellen, die in der Gesamtbevölkerung zu beobachten ist.

Der untere Teil von Tab. 5.1 gibt einen Überblick über die Merkmale der Mütter im Sample während der beobachteten Episoden des Alleinerziehens. Insgesamt machen vor und nach der Reform etwa 2 % der Mütter im Sample den Übergang ins Alleinerziehen.[3] Auf diese Beobachtungen bezieht sich Tab. 5.1 unten. In der früheren Periode sind etwa 27 % der Alleinerziehenden ledig, und dieser Anteil ist auf 32 % in der späteren Periode angestiegen. Diese Verschiebung ging auf Kosten des Anteils getrennter und verwitweter Mütter, deren Anteile gesunken sind. Gleichzeitig ist der Anteil Alleinerziehender mit nur einem Kind von 37 auf 44 % gestiegen und der mit zwei Kindern gesunken. Der Anteil der Alleinerziehenden mit drei oder mehr Kindern hat sich hingegen nicht deutlich verändert.

5.2.3 Methoden

Im ersten Schritt der Analyse schätze ich Fixed-Effects Regressionen (Allison 2009; Giesselmann und Windzio 2012) auf jede der vier Teilstichproben: a) Mütter mit Kindern 0-2 Jahre vor der Reform, b) Mütter mit Kindern über 2 Jahre vor der Reform, c) Mütter mit Kindern 0-2 Jahre nach der Reform, d) Mütter mit Kindern über 2 Jahre nach der Reform. Als Kontrollvariablen beziehe ich den Erwerbsstatus und das Bildungsniveau der Mutter, die Anzahl der Kinder im Haushalt sowie den Wohnort (Ost- oder Westdeutschland) als übliche zeitlich variable Einflussfaktoren des Einkommens mit ein. Für zeitkonstante Faktoren ist in Fixed-Effects Modellen kontrolliert aufgrund des Vergleichs entmittelter intraindividueller Variation. Um auf mögliche Veränderungen im Einfluss der familienpolitischen Maßnahmen für Mütter mit Kindern unterschiedlichen Alters zu schließen, vergleiche ich die Effekte des Übergangs ins Alleinerziehen zwischen den vier Modellen. Für den Vergleich von Effektstärken aus den Fixed-Effects Schätzungen über die vier Stichproben hinweg muss die Annahme zutreffen, dass sich die abhängige Variable zwischen den Modellen nicht unterscheidet. Das heißt auch, dass angenommen werden muss, dass sich der Wert des

---

[3]Im hier angelegten Design kann es vorkommen, dass dieselbe Person in der Periode vor der Reform und in der Periode nach der Reform einen Übergang ins Alleinerziehen erlebt.

Haushaltseinkommens zwischen den Zeiträumen vor und nach der Reform nicht verändert hat. Dies ist allerdings nicht gewährleistet, da sich der Geldwert über den Zeitraum verändert hat und eine Veränderung im Haushaltseinkommen von einem Euro nach 2007 einen geringeren Effekt bedeutet als 1992. Um diesem Problem Abhilfe zu schaffen, wurde die abhängige Variable für die Fixed-Effects-Analysen, das logarithmierte Haushaltseinkommen, standardisiert, indem ich den jeweiligen Wert des Einkommens durch den jahresspezifischen Mittelwert geteilt habe. Die abhängige Variable bildet somit die relative Einkommensposition ab.

Im zweiten Schritt der Analyse schätze ich ein einfaches lineares Regressionsmodell (OLS), in welchem ich nicht den Übergang ins Alleinerziehen als hauptsächliche unabhängige Variable einbeziehe, sondern den Familienstand während des Alleinerziehens. OLS-Regressionen sind hier sinnvoll, da sich der Familienstand während des Alleinerziehens sich nicht verändert. Auf Basis dieser Analyse vergleiche ich das standardisierte logarithmierte Nettohaushaltseinkommen zwischen den Alleinerziehenden mit unterschiedlichem Familienstand in den zwei Perioden.

5.3 Ergebnisse

5.3.1 Übergänge

Die Ergebnisse aus den Fixed-Effects Analysen sind in Abb. 5.2 zusammengefasst. Die Abbildung zeigt die Effekte des Übergangs ins Alleinerziehen auf die relative Einkommensposition in den vier Teilstichproben. Die quadratischen Marker zeigen Effekte für Mütter, die vor der Elternzeit- und Elterngeldreform alleinerziehend wurden. Die runden Marker zeigen die Effekte für Mütter, die nach der Reform alleinerziehend wurden. Schwarze Marker zeigen an, dass Kinder unter 3 Jahren im Haushalt leben, weiße Marker stehen für Mütter mit älteren Kindern.

Zunächst lässt sich festhalten, dass die Effekte in allen Fällen negativ sind. Das bedeutet, dass der Übergang ins Alleinerziehen wie zu erwarten die relative Einkommensposition der Mütter im Vergleich mit der Situation vor dem Übergang verringert. Betrachtet man nun die Effekte nach Zugehörigkeit zu den einzelnen Teilstichproben ergibt sich folgendes Muster. Der erste Befund bezüglich der Auswirkung der Reform auf die Zusammenhänge ist, dass die Effektstärke des Alleinerziehens auf das Einkommen abgenommen hat. Der negative Einfluss des Alleinerziehens ist in der Periode nach der Reform also kleiner als vor der Reform. Der zweite Befund bezüglich des Unterschieds nach dem Timing des

5.3 Ergebnisse

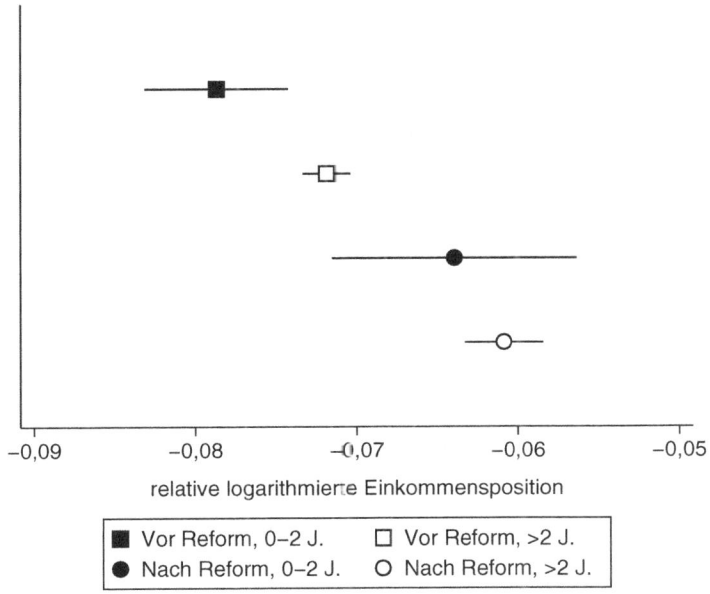

Abb. 5.2 Logarithmiertes Haushaltsnettoeinkommen bei Übergang ins Alleinerziehen vor und nach der Elternzeit- und Elterngeldreform nach Alter des jüngsten Kindes (Anmerkungen: Fixed-Effects Regressionen; Kontrollvariablen: Anzahl der eigenen Kinder, Erwerbsstatus und Bildungsabschluss der Mutter und Wohnort. Für die vollständigen Modelle siehe Tab. A.1 im Anhang). (Eigene Darstellung)

Alleinerziehens beinhaltet, dass vor der Reform die Einkommen der Mütter mit Kindern unter 3 Jahren signifikant stärker von dem Übergang ins Alleinerziehen betroffen waren als die Einkommen der Mütter mit älteren Kindern. Auch nach der Reform sind Unterschiede nach dem Timing angedeutet, diese sind allerdings nicht auf einem statistisch signifikanten Niveau abgesichert. Das könnte bedeuten, dass sich die relative Einkommensposition der Mütter mit Kindern unter 3 Jahren nach der Reform verbessert hat.

5.3.2 Familienstand

Die Ergebnisse zu Einkommensunterschieden zwischen Alleinerziehenden mit unterschiedlichem Familienstand sind in Abb. 5.3 zusammengefasst. Die Abbildung zeigt die auf Basis einer OLS-Regression geschätzte Höhe des logarithmierten standardisierten Haushaltseinkommens von Alleinerziehenden nach ihrem Familienstand vor und nach der Elternzeit- und Elterngeldreform. Die eckigen Marker beziehen sich auf die Alleinerziehenden vor der Reform und die runden Marker auf die Alleinerziehenden nach der Reform. Demnach unterscheiden sich ledige Alleinerziehende was ihre relative Einkommensposition angeht nicht von geschiedenen und getrennten, wohl aber von verwitweten Alleinerziehenden vor der Reform. Die Unterschiede zwischen ledigen und getrennten Alleinerziehenden innerhalb der beiden betrachteten Perioden sind nicht statistisch signifikant. Die geschätzten Einkommen nach der Reform sind für alle Alleinerziehenden auf einem höheren Niveau. Nur für die verwitweten Alleinerziehenden lässt sich nicht sagen, dass sich ihre Einkommen nach der Reform verbessert haben (was aber auch an der geringen Größe der Subgruppe verwitweter Alleinerziehender im Sample liegen kann).

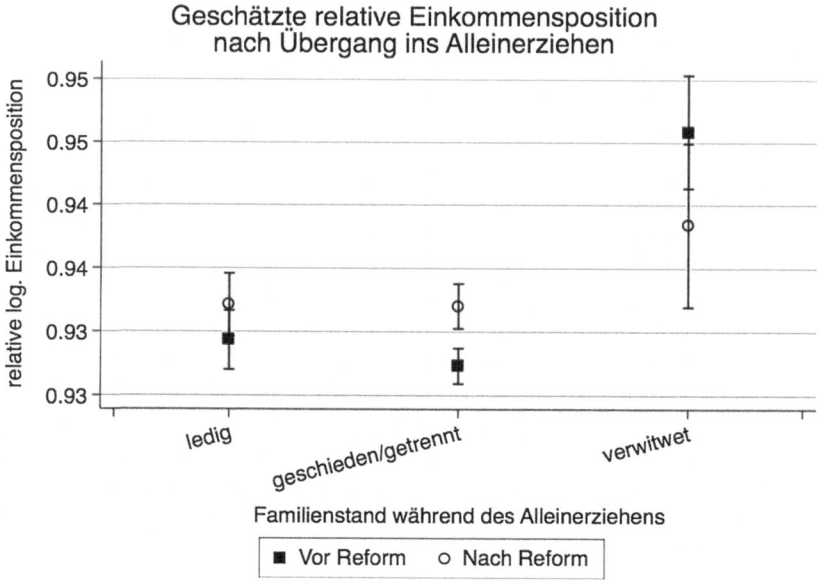

Abb. 5.3 Geschätzte relative Einkommensposition nach Art des Übergangs ins Alleinerziehen vor und nach der Elternzeit- und Elterngeldreform (Anmerkungen: SOEP (v30); OLS Regression; dargestellt ist der Interaktionseffekt zwischen Familienstand und Periode; Kontrollvariablen: Anzahl der eigenen Kinder, Alter des jüngsten Kindes, Alter, Erwerbsstatus und Bildungsabschluss der Mutter und Wohnort. Für das vollständige Modell siehe Tab. A.2 im Anhang). (Eigene Darstellung)

Die Ergebnisse lassen sich insgesamt so deuten, dass sich die Muster der Einkommensunterschiede zwischen den durch den Familienstand erfassten Gruppen der Alleinerziehenden durch die Reform in geringem Maße verändert haben. Die relative Einkommensposition scheint sich aber zwischen den Gruppen angeglichen zu haben.

5.4 Zusammenfassung und Diskussion

Aus den empirischen Analysen des Einflusses der Elternzeit- und Elterngeldreform in Deutschland in 2007 auf die ökonomische Position Alleinerziehender ergeben sich zwei Hauptergebnisse, aus denen sich Schlüsse für die in diesem Buch vorgestellten theoretischen Überlegungen ziehen lassen. Zum einen zeigt die Analyse der Auswirkungen des Übergangs ins Alleinerziehen auf das Einkommen, dass sich Unterschiede zwischen Müttern mit unter 3-jährigen Kleinkindern, die Hauptzielgruppe der Reform, und Müttern mit älteren Kindern, nach der Reform angleichen. Es lässt sich zunächst konstatieren, dass sich der Übergang ins Alleinerziehen zumindest in der Periode 1992–2006 nicht einheitlich auf die ökonomische Position Alleinerziehender ausgewirkt hat. Dieses Ergebnis deutet darauf hin, dass es sinnvoll sein kann, Unterschiede im Timing des Alleinerziehens zu differenzieren. Schließlich zeigen die Ergebnisse, dass die Reform von Elternzeit- und Elterngeld sich mildernd auf die ungünstigen ökonomischen Umstände ausgewirkt zu haben scheint, die mit dem Alleinerziehen verbunden sind. Dieser Befund gilt insbesondere für die Alleinerziehenden mit Kleinkindern unter 3 Jahren. Obgleich dieses substanzielle Ergebnis nicht überraschen mag, da die familienpolitische Maßnahme auf Familien mit neugeborenen Kindern zugeschnitten ist, eröffnet er doch den Blick für einen weiteren Faktor. So sind nämlich die Alleinerziehenden mit älteren Kindern zwar auch, aber zu geringerem Maße, von der Ausweitung der sozialen Rechte betroffen. Da die vorliegende Analyse nicht zwischen tatsächlicher Nutzung unterscheidet, kann hierüber keine genauere Aussage getroffen werden. Ein möglicher institutioneller Faktor, der die Ergebnisse beeinflusst haben könnte und im Fixed-Effects Modell nicht berücksichtigt wird, ist der etwa zeitgleich stattfindende Ausbau der Kitabetreuung. Es scheint aber vor dem Hintergrund der Ergebnisse sinnvoll, die heterogenen Effekte familienpolitischer Reformen auf Alleinerziehende in internationalen Analysen zu bedenken, die auf Basis von Durchschnittswerten arbeiten.

Das zweite Hauptergebnis dieses Kapitels betrifft die Ungleichheiten in der ökonomischen Position Alleinerziehender mit unterschiedlichem Familienstand vor und nach der Elternzeit- und Elterngeldreform. Für die Periode vor der Reform lassen sich Unterschiede in der relativen Einkommensposition zwischen ledigen und geschiedenen beziehungsweise getrennten auf der einen Seite und verwitweten Alleinerziehenden auf der anderen Seite erkennen. Diese Unterschiede sind für die Periode nach der Reform weniger deutlich. Es zeigt sich aber nur für die geschiedenen und getrennten Alleinerziehenden eine Verbesserung der relativen Einkommensposition zwischen den betrachteten Perioden. Es muss an dieser Stelle noch angemerkt werden, dass auf Basis der groben Unterscheidung des Familienstands – ohne Differenzierung der geschiedenen Mütter und derer die aus einer nicht ehelichen Partnerschaft austreten – Aussagen zu den unterschiedlichen Lebensbedingungen Alleinerziehender in verschiedenen Partnerschaftskontexten nur eingeschränkt möglich sind. Der generelle Befund ist aber im Lichte der in diesem Buch vorgestellten theoretischen Argumente interessant. Die unterschiedliche Wirkung der Reform familienpolitischer Leistungen auf Alleinerziehende verschiedenen Familienstands hat offenbar bedeutet, dass sich durch die Verbesserung der Situation geschiedener und getrennter Alleinerziehender bestehende Differenzen in der Einkommensposition nach Kontexten des Alleinerziehens verringert haben. Auch dies deutet darauf hin, dass die aggregierte Betrachtung des Wohlbefindens von Alleinerziehenden im Ländervergleich Grenzen hat.

Alleinerziehen und soziale Integration 6

Der starke Fokus der Forschung und Politik auf das ökonomische Wohlbefinden Alleinerziehender überdeckt die möglichen Auswirkungen der Lebensform auf andere Lebensbereiche. Ein weit geringerer Teil der empirischen Forschung widmet sich bisher dem sozialen Wohlbefinden, wie der Einbindung in soziale Netzwerke. Auch als sozialpolitisches Ziel steht die soziale Einbindung Alleinerziehender hinter den Zielen ihrer Arbeitsmarktintegration und Einkommenssicherung zurück. Gleichsam wird in der Diskussion sozialpolitischer Strategien für Alleinerziehende zunehmend anerkannt, dass soziale Integration, wenn nicht als Vorbedingung für Erfolge in anderen Lebensbereichen zu verstehen, so doch damit verzahnt ist.[1] Dieses Kapitel widmet sich deshalb der Dimension des sozialen Wohlbefindens Alleinerziehender in explorativer Weise unter Berücksichtigung der konzeptuellen Überlegungen aus Kap. 2 und 3.

Soziale Integration oder soziale Einbindung soll hier verstanden werden als die Summe der bestehenden, informellen sozialen Beziehungen, bezogen einerseits auf die Größe des sozialen Netzwerkes und andererseits auf die Häufigkeit der Kontakte (Schwarzer et al. 1994). Soziale Integration ist konzeptuell zu unterscheiden von sozialer Unterstützung, die sich zwar aus den bestehenden Netzwerken ergeben kann, aber nicht muss (Schwarzer et al. 1994). Ein Grund für schwächere soziale Integration alleinerziehender Mütter im Vergleich mit Müttern in Partnerschaft stellen ihre knapperen Zeitressourcen dar (Krüger und Micus 1999). Ein anderer Grund kann sein, dass Alleinerziehende mit negativen Vorurteilen konfrontiert sind (Valiquette-Tessier et al. 2016), die ihre soziale

---

[1]So beinhalteten zum Beispiel die Pilotprojekte zur Unterstützung Alleinerziehender in Deutschland in den frühen 2000er Jahren Strategien zur Förderung der sozialen Integration (gsub und SÖSTRA 2013; Rambøll Management Consulting 2013).

Integration erschweren. Zudem haben Alleinerziehende gegenüber Müttern, die mit ihrem Partner zusammenleben, den Nachteil, keinen oder begrenzten Zugang zur Familie und den Freunden des Partners oder der Partnerin zu haben. Dies trifft insbesondere im Falle konfliktreicher Beziehungen mit dem getrennt lebenden Elternteil zu. Tatsächlich gibt es in der Literatur einzelne Hinweise für eine geringere soziale Einbindung alleinerziehender Eltern (z. B. Helfferich et al. 2003). Intuitiv scheint aber auch ein entgegengesetzter Mechanismus plausibel. Alleinerziehende könnten den Verlust oder die grundsätzliche Abwesenheit eines Partners im Haushalt mit anderen sozialen Beziehungen ausgleichen, um emotionale oder strukturelle Unterstützung zu erhalten. Auch für dieses Muster gibt es Hinweise in der Literatur, die beispielsweise zeigt, dass Scheidung zur Intensivierung von Freundesnetzwerken führen kann (Kalmijn 2012) und, dass im höheren Alter Witwen sozial besser integriert sind als Frauen in Partnerschaft (Cornwell et al. 2008). Allerdings bezieht sich die Literatur überwiegend auf Trennungen im Allgemeinen und nicht auf Alleinerziehende im Speziellen. Überdies stellt sich die Frage, inwiefern es bei Alleinerziehenden vor allem familiäre Beziehungen sind, mit denen für die Abwesenheit eines Partners kompensiert wird. Bisherige Forschung zeigt, dass vor allem Großeltern eine wichtige Quelle der Unterstützung für alleinerziehende Mütter darstellen können (Wheelcock und Jones 2002).

Vor diesem Hintergrund soll es in dem vorliegenden Kapitel darum gehen, die Muster der sozialen Kontakte von Müttern um den Eintritt ins Alleinerziehen und während des Alleinerziehens zu beschreiben. Es werden drei Forschungsfragen bearbeitet, die sich auf Zusammenhänge auf der Individualebene beziehen, und eine, die den Einfluss von Makrofaktoren in den Blick nimmt. Zum einen wird untersucht, ob und in welchem Umfang Alleinerziehen für die Mütter mit einer Reduktion sozialer Kontakte einhergeht. Zweitens frage ich, ob die möglichen Veränderungen sich zwischen unterschiedlichen Beziehungstypen, Familie auf der einen Seite und Freunde auf der anderen Seite, unterscheiden. Die dritte Frage bezieht sich auf die möglichen Unterschiede in der sozialen Integration Alleinerziehender mit unterschiedlichem Familienstand. Die Frage nach den Makrobedingungen ist, inwiefern die Zusammenhänge kontextspezifisch, das heißt abhängig von den sozialkulturellen Gegebenheiten in Ost- und Westdeutschland, sind.

Um die Fragen zu beantworten, wird der oben erarbeitete theoretische Rahmen von Alleinerziehen als Lebensverlaufsphänomen angelegt. Vor allem zwei Prinzipien des Lebenslaufansatzes stehen hier im Vordergrund: *„linked lives"* und *„time and place"* (Elder et al. 2003). Aufbauend auf der Darstellung der theoretischen Konzepte werde ich in den folgenden Kapiteln Erwartungen ableiten und diese in empirischen Analysen zum Test stellen. Als Datenquelle dient wie gehabt das Sozio-oekonomische Panel, im Rahmen dessen in sechs Umfragewellen Daten zur Kontakthäufigkeit mit Freunden und Bekannten sowie Familienmitgliedern und Verwandten erhoben wurden. Um die Frage bezüglich der Kontextabhängigkeit zu untersuchen, werde ich den Vergleich zwischen Ost- und Westdeutschland heranziehen.

6.1 Soziale Integration im Lebensverlauf

Soziale Kontakte bestimmen maßgeblich den Grad der sozialen Integration einer Person. Soziale Integration ist definiert als die Summe aller informellen sozialen Beziehungen in Bezug auf die Netzwerkgröße und Häufigkeit der Kontakte (Schwarzer et al. 1994). Soziale Kontakte sind Interaktionen zwischen zwei oder mehreren Personen, die sich durch die Art der Beziehung, die Häufigkeit und die Dauer unterschieden können (Andreß et al. 1995). Neben persönlichen gibt es auch fernmündliche Interaktionen sowie solche per elektronischer Kommunikationsmedien. Je mehr soziale Kontakte eine Person hat, desto besser ist sie generell sozial integriert. Einschränkend muss jedoch bemerkt werden, dass für das Ausmaß der erreichten sozialen Integration entscheidend ist, inwiefern die unterschiedlichen Interaktionsarten genutzt werden oder sich auf einen Bereich (elektronische/persönliche Kontakte) konzentriert wird.

Soziale Integration ist überdies von sozialer Unterstützung zu unterscheiden, die aus sozialer Integration resultieren kann aber nicht muss (Schwarzer et al. 1994). In Situationen besonderen Unterstützungsbedarfs kann jedoch davon ausgegangen werden, dass es gut integrierten Personen leichter fallen wird, Unterstützung zu mobilisieren, als sozial isolierten Personen. Soziale Kontakte können dazu beitragen, den Alltag zu bewältigen und sich etwa positiv auf die Vereinbarkeit von Familie und Beruf auswirken. Anschauliche Beispiele sind Hilfe bei der Kinderbetreuung, Transportdienste und Hilfe bei Besorgungen. Informelle Unterstützung während des Alleinerziehens kann zum Beispiel dazu beitragen, dass eine Erwerbsarbeit aufgenommen, eine bestehende fortgeführt werden (Wheelcock und Jones 2002), oder sogar Armut abgewendet werden kann (Gladow und Ray 1986; Gray 2005). Zu dieser instrumentellen Funktion sozialer Einbindung kommt der positive Nutzen sozialer Kontakte, emotionaler Isolation entgegenzuwirken. In diesem Kapitel werden soziale Kontakte folglich als Voraussetzung für soziale Unterstützung von Alleinerziehenden angesehen.

Aus der Lebensverlaufsperspektive betrachtet zeigt sich, dass sich soziale Beziehungen über den Lebensverlauf verändern (Lang 2003) und durch einschneidende Lebensereignisse wie die Geburt eines Kindes oder die Trennung einer

Partnerschaft beeinflusst werden (Wrzus et al. 2013). Vor diesem Hintergrund wird im Folgenden das Alleinerziehen als ein einschneidendes Lebensereignis konzeptualisiert und die theoretischen Zusammenhänge mit der Häufigkeit gegenseitiger Besuche, als eine Form des sozialen Kontakts, herausgearbeitet. Dabei werde ich zwei Arten sozialer Beziehungen in den Blick nehmen und zwischen Kontakten mit Familienmitgliedern und Freunden unterscheiden, da vorige Studien unterschiedliche Wirkungsmuster von Trennung auf Kontakt mit unterschiedlichen Bezugsgruppen identifiziert haben (Lang 2003; Kalmijn 2012; Wrzus et al. 2013). Die auf den theoretischen Überlegungen basierenden Erwartungen werde ich anschließend empirisch überprüfen.

6.1.1 Linked lives

Das Prinzip der *linked lives* aus dem Lebensverlaufsansatz besagt, dass sich Lebensverläufe in gegenseitiger Abhängigkeit entwickeln (Elder et al. 2003, S. 13). Diese Interdependenzen sind durch Interaktionen zwischen Individuen vermittelt (Huinink und Feldhaus 2009). Über den Lebensverlauf betrachtet zeigt sich, dass sich soziale Beziehungen zu Beginn des Lebens aufbauen, in der Mitte stagnieren und im späteren Leben wieder abnehmen (Kalmijn 2012; Wrzus et al. 2013). Die Verlaufsmuster variieren mit der Art der sozialen Beziehung, etwa zwischen Freundschaften und Familienbeziehungen. Dies lässt sich zum einen auf die Bedeutung bestimmter sozialer Beziehungen für die einzelnen Lebensphasen und deren Sequenzierung zurückführen (Lang 2003). Zum anderen aber auch darauf, dass einschneidende Lebensereignisse soziale Beziehungen beeinflussen (Wrzus et al. 2013). Alleinerziehen kann in verschiedener Hinsicht als einschneidendes Lebensereignis für soziale Beziehungsmuster angesehen werden.

Erstens bedeutet der Status des Alleinerziehens, dass keine koresidentielle Partnerschaft vorhanden ist, aus der weitere soziale Beziehungen entwachsen können. In Paarbeziehungen gibt es die Möglichkeit, mit Mitgliedern der Familie des Partners oder der Partnerin in Kontakt zu stehen, was bei Alleinerziehenden nicht in demselben Maße gegeben ist. Im Falle einer Trennung ist es zunächst wahrscheinlich, dass Kontakte wegfallen, die über den Partner oder die Partnerin bestanden. Die soziale Einbindung nach dem Versterben eines Partners ist ein ähnliches Beispiel. Die Kontakte, die über den Partner oder die Partnerin bestanden, fallen weg oder werden reduziert. Soziale Beziehungen können sich nach solchen Ereignissen wieder ‚erholen' und die Kontakte längerfristig auf die Anzahl der vorherigen zurückkehren oder sogar darüber hinaus wachsen (Wrzus et al. 2013).

6.1 Soziale Integration im Lebensverlauf

Für den Fall der durch Trennung oder des Versterbens des Partners oder der Partnerin lässt sich zwar annehmen, dass die in der Partnerschaft geführten Beziehungen weitergeführt werden können. Nicht zuletzt aufgrund veränderter Zeitverwendung scheint es aber unwahrscheinlich, dass die Lebensereignisse ganz ohne Verschiebungen in den Kontaktmustern eintreten.

Zweitens lässt sich im Vergleich mit Müttern in Partnerschaft für Alleinerziehende eine durchschnittlich höhere zeitliche Belastung annehmen, die sich auf ihre sozialen Beziehungen auswirken kann. Alleinerziehende können ihre Hausarbeit, Erwerbsarbeit und Kinderbetreuung nicht in der Partnerschaft aufteilen (Lewis 1989; Orloff 1993). Obgleich Arbeit im Haushalt und mit Kindern empirisch weit davon entfernt ist, zwischen Männern und Frauen gleich verteilt zu sein (Craig und Mullan 2011), so ist doch die Zeit für Alleinerziehende in besonderem Maße knapp (Mattingly und Bianchi 2003; Mattingly und Sayer 2006). Da soziale Kontakte aber Zeit beanspruchen, lässt sich für Alleinerziehende eine reduzierte Kontakthäufigkeit in sozialen Beziehungen erwarten. Bisherige Studien weisen generell darauf hin, dass diese Erwartungen zutreffen könnten, denn sowohl Scheidung als auch der Tod der Partnerin oder des Partners gehen mit verminderten sozialen Kontakten einher (Milardo 1987; Hurlbert und Acock 1990; Helfferich et al. 2003; Sprecher et al. 2006; Wrzus et al. 2013). Die meisten der bisherigen Studien beziehen sich nicht speziell auf Alleinerziehende. Krüger und Micus (1999) finden allerdings in ihrer qualitativen Studie zu Alleinerziehenden in Deutschland, dass fehlende zeitliche Ressourcen ein Grund für ihre geringe soziale Einbindung sein kann. Zusammen mit dem ersten Mechanismus lässt sich hieraus eine Hypothese des Rückzugs aus sozialen Beziehungen für Alleinerziehende formulieren.

Ein *dritter* Mechanismus zeigt in die gegensätzliche Richtung, hin zu einer Ausweitung der sozialen Kontakte für Alleinerziehende. Intuitiv scheint es nahe zu liegen, dass Alleinerziehende ihre sozialen Beziehungen intensivieren, um sich Unterstützung zu holen. Entsprechend schlägt Lang (2003) vor, dass erhöhter Unterstützungsbedarf eine der Hauptquellen für die Veränderung in sozialen Netzwerken darstellt. Weiter theoretisch untermauern lässt sich diese Vorstellung mit einer Abwandlung der *dyadic withdrawal* These (Johnson und Leslie 1982) aus der Psychologie. Diese beschreibt den Rückzug aus sozialen Beziehungen als Reaktion auf den Eintritt in eine Partnerschaft. Die Trennung der Partnerschaft könnte nun mit der gegensätzlichen Bewegung verbunden sein, einem *reversed withdrawal*. Dies würde bedeuten, dass die von der Trennung betroffenen Personen den Kontakt mit dem Partner oder der Partnerin durch andere soziale Beziehungen kompensieren (vgl. Kalmijn 2012).

Prinzipiell können sowohl Familienmitglieder oder entferntere Verwandte als auch Freunde diese kompensatorische Rolle einnehmen. Bei Freundschaften kommen jedoch andere Aspekte zum Tragen als bei Kontakten mit Verwandten. Ein Prinzip von Freundschaften ist beispielsweise, dass diese zumeist zwischen Personen bestehen, die sich in vielen Eigenschaften ähneln (auch als Homophilie bezeichnet) (McPherson et al. 2001). Dies kann vor allem dann bedeutend werden, wenn sich die Lebenssituation der Freunde stark ändert und dadurch weniger Gemeinsamkeiten bestehen. Empirisch geht der Übergang in die Elternschaft besonders bei Geburt des ersten Kindes mit einer Reduktion sozialer Kontakte einher (Kalmijn 2012), zum Beispiel weil sich die Eltern erst in ihrer neuen Lebenslage einfinden müssen oder, weil die neue Rolle der jungen Eltern zur Entfremdung von ihren kinderlosen bisherigen Kontakten führt. Auch Alleinerziehen erfordert die Neuordnung der Lebenssituation und könnte damit einhergehen, dass sich die Intensität von Freundschaften verringert.

Auf der anderen Seite können gerade Kontakte mit Familienmitgliedern wie mit den eigenen Eltern im Falle eines Familienereignisses wie der Geburt eines Kindes oder einer Trennung für die Betroffenen an Bedeutung gewinnen. Die Forschung zur großelterlichen Unterstützung bei der Kinderbetreuung deutet beispielsweise darauf hin, dass der Kontakt von alleinerziehenden Eltern zu ihren eigenen Eltern oft eng ist (Wheelcock und Jones 2002). Insbesondere im Vereinigten Königreich und in den USA, wo alleinerziehende Mutterschaft oft mit jungem Alter verbunden ist, wohnen die Mütter häufig noch oder wieder bei ihren Eltern (vgl. Bryson et al. 1999; Mutchler und Baker 2009). Hank und Buber (2009) zeigen überdies für europäische Länder, dass Großeltern ihre Enkel häufiger betreuen und dies häufiger regelmäßig tun, wenn die Eltern getrennt sind, als wenn diese zusammenleben. Auf Basis dieser Überlegungen scheint es wahrscheinlich, dass Alleinerziehen nicht alle soziale Beziehungen gleichermaßen beeinflusst. Vielmehr gibt es Hinweise, dass sich bei Alleinerziehenden der Rückzug vor allem aus Beziehungen mit Freunden vollzieht und die Kompensation mehr durch Familienmitglieder.

Schließlich stellt sich noch die Frage, ob und inwiefern Unterschiede in der sozialen Integration zwischen Alleinerziehenden mit unterschiedlichen Partnerschaftsbiografien bestehen. Solche Unterschiede können auf der Grundlage erwartet werden, dass die verschiedenen Wege ins Alleinerziehen durch Unterschiede in der institutionellen Absicherung sowie der sozialen Akzeptanz gekennzeichnet sind. Nicht eheliche Mutterschaft und überdies Mutterschaft außerhalb einer Partnerschaft könnte mit stärkerer sozialer Ablehnung konfrontiert sein als Scheidungen von Ehen, aus denen Kinder hervorgegangen sind (vgl. Valiquette-Tessier et al. 2016). Freunde, Bekannte und Nachbarn könnten eine höhere moralische Hürde empfinden, intensive soziale Kontakte mit ledigen Müttern zu führen als mit geschiedenen, je traditioneller die Familiennormen in der Gesellschaft und je stärker die institutionelle Bevorzugung von Ehe. Auch hier lässt sich jedoch ein gegenteiliger Mechanismus beschreiben, gerade vor dem Hintergrund des sozialen Wandels seit dem *Golden Age of the Family* in den 1950er und 60er Jahren. In Kontexten, in denen die Familiennormen weniger traditionell sind, ist zu erwarten, dass die Verteilung sozialer Integration unter Alleinerziehenden mit unterschiedlichem Familienstand eher von sozialstrukturellen Faktoren oder solchen, die übliche Lebensstile abbilden, geprägt ist. Demnach sind ledige Alleinerziehende im durchschnittlichen Vergleich mit geschiedenen Alleinerziehenden jünger und haben eher einen weniger traditionellen Lebensstil, mit dem auch ein schwächerer Fokus auf die Kernfamilie einhergeht. Es ist zudem wahrscheinlich, dass mit ledigem Alleinerziehen eher urbane und mobile Lebensstile verbunden sind, die durch außerfamiliäre Beziehungsnetzwerke gekennzeichnet sind. Die nachfolgenden Analysen sollen erstmalig die möglichen Unterschiede der sozialen Integration Alleinerziehender mit unterschiedlichem Familienstand erkunden.

6.1.2 Time and place

Wie in Abschn. 4.1 ausgeführt, beinhaltet das Prinzip von *time and place* des Lebensverlaufsansatzes, dass geografische und historische Kontexte individuelle Handlungsoptionen vorgeben, und dadurch spezifische Formen von Lebensverläufen entstehen (Elder et al. 2003). Entsprechend ist auch die Gestaltung von sozialen Beziehungen über den Lebensverlauf hinweg kontextspezifisch. Deutschland ist aufgrund seiner jahrzehntelangen Trennung und anschließender Wiedervereinigung von Deutscher Demokratischer Republik (DDR) und Bundesrepublik Deutschland (BRD) ein anschaulicher Beispielfall, anhand dessen sich der Einfluss von Makrostrukturen auf die Organisation des Familienlebens und speziell auf individuelle soziale Beziehungen untersuchen lässt. Die Literatur zu Familienstrukturen und demografischen Prozessen in Ost- und Westdeutschland zeigt, dass die Unterschiede zwischen den Regionen nach wie vor stark sind (Rosenfeld et al. 2004; Huirink et al. 2012; Fasang 2015; Kreyenfeld et al. 2016; Raab 2017). Alleinerziehen ist weiter verbreitet in Ostdeutschland (27 % aller Familien mit Kindern) als in Westdeutschland (19 %) (Zahlen aus 2009, Destatis 2010). Dieser Unterschied ist zum Teil dadurch erklärt, dass nicht eheliche Lebensgemeinschaften und außereheliche Geburten in Ostdeutschland häufiger vorkommen und das Alter von Müttern bei Erstgeburt niedriger ist. Alleinerziehen gehört dadurch in Ostdeutschland noch stärker zur Lebensrealität und zum Familienleben als in Westdeutschland.

Bisherige Forschung zu sozialen Beziehungen in Ost- und Westdeutschland deutet darauf hin, dass das sozialistische Erbe in Ostdeutschland einen großen Einfluss auf die Ausgestaltung sozialer Beziehungen genommen hat. Der öffentliche Raum in der ehemaligen DDR war durch den Staat strukturiert und durch den staatlichen Geheimdienst (der sogenannte Staatssicherheitsdienst) überwacht. Der Staat griff unter anderem durch Kinder- und Jugendorganisationen, die der sozialistischen Erziehung dienten, stark in die Organisation des sozialen Lebens seiner Bürger ein (Uhlendorff 2003). Die meisten Kinder, Jugendlichen und Eltern partizipierten in diesen Organisationen, die als familienpolitisches Instrumentarium dienten. Familien, die nicht teilnahmen, standen unter Verdacht der Systemuntreue, was mit sozialer Ausgrenzung einhergehen konnte. Ein Nebenprodukt der staatlichen Organisation der öffentlichen Sphäre war die Bereitstellung eines flächendeckenden staatlich-institutionellen Kinderbetreuungsangebots. Es war darauf zugeschnitten, Müttern im sozialistischen Staat die Erwerbsarbeit zu ermöglichen, und schuf damit Gelegenheitsstrukturen, die auch nach der Wiedervereinigung bestehen blieben (Hank et al. 2004; Huinink et al. 2012). In der DDR standen nicht nur die organisierten Sphären unter staatlicher Überwachung durch den Staatssicherheitsdienst. Dieser schaffte durch die Aktivierung ziviler Beiträge an der Spionage der eigenen Bevölkerung und damit der Durchdringung der privaten Sphären ein Klima des Misstrauens. Dies erschwerte auch die Bildung von Freundschaften, die allgemein häufig in den organisierten Sphären und am Arbeitsplatz geknüpft wurden. Sie waren deshalb nicht so zahlreich und oft nur lose Verbindungen. Die Familie stellte das Gegenstück zu der Sphäre der Öffentlichkeit dar. Sie entwickelte sich für die Bürgerinnen und Bürger der DDR zu einer sozialen Nische und einem Rückzugsort, in dem persönliche Meinungen vertraulich ausgetauscht werden konnten und intensive Beziehungen gepflegt wurden (Uhlendorff 2004).

Diese Trennung der familiären und der öffentlichen Sphären löste sich auch nach der Wiedervereinigung 1990 nicht auf. Jetzt wurde oft erst das Ausmaß der zivilen Kollaborationen mit der Geheimpolizei sichtbar, was das Misstrauen häufig verstärkte oder zumindest nicht entkräftete. Im Ergebnis blieb das soziale Vertrauen in Ostdeutschland vergleichsweise niedrig und die Familienorientierung hoch (Uhlendorff 2003, 2004; Schmelzer 2005). Im Gegensatz dazu war der Staat in der alten Bundesrepublik nicht an der Sozialisierung der Familie interessiert. Hier suchte der Staat die Familien als eigenständige Haushalte zu unterstützen (Uhlendorff 2004). Familie war stärker individualisiert. Das Angebot an Kinderbetreuungsplätzen für Kinder im Vorschulalter war in Westdeutschland im Vergleich zur DDR rudimentär. Die Politik der alten Bundesrepublik war an einem traditionellen Familienbild und der Idee der geschlechtsspezifisch arbeitsteiligen Ehe orientiert (Gerlach 2009). Auf der anderen Seite sind extra-familiale Netzwerke hier seit jeher größer und homogener als in Ostdeutschland (Bernardi et al. 2007). Soziale Integration unterscheidet sich also prinzipiell fundamental zwischen Ost- und Westdeutschland in Größe und Intensität der Beziehungen mit Familienangehörigen und Freunden. Es bleibt nun eine empirische Frage, ob und inwiefern diese Muster auf den speziellen Fall des Übergangs ins Alleinerziehen zutreffen.

6.2 Analysedesign

Für die nachfolgende Analyse werde ich Daten des Sozio-oekonomischen Panels (SOEP) (Wagner et al. 2007) heranziehen, um die eben dargestellten Zusammenhänge empirisch zu untersuchen. Ich verwende Daten aus allen sechs Erhebungswellen, in denen die Kontakthäufigkeit mit Familienangehörigen und Freunden und Bekannten abgefragt wurde (1990, 1995, 1998, 2003, 2008, 2013). Ich behalte nur Frauen in der Stichprobe, die nach 1945 geboren wurden und zwischen 18 und 59 Jahren alt sind, und die mit einem Kind unter 18 Jahren im Haushalt leben. Unter Berücksichtigung dieser Einschränkung beläuft sich die Stichprobe auf 4246 Mütter (3134 davon lebten zum ersten Beobachtungszeitpunkt in Westdeutschland und 1112 in Ostdeutschland). Die Analyse gliedert sich entlang der Forschungsfragen in zwei Schritte.

Um erstens zu untersuchen, ob und in welchem Umfang Alleinerziehen für die Mütter mit einer Reduktion sozialer Kontakte einhergeht und wie sich dies zwischen Kontakten mit Familie und mit Freunden unterscheidet, werde ich das Potenzial der Paneldaten anhand von Fixed-Effects (FE) Regression nutzen. Wie im vorigen Kapitel angesprochen, hat diese Methode gegenüber OLS-Regressionen einige Vorteile. Zum Beispiel werden durch den Vergleich entmittelter intraindividueller Variation nur Informationen von Personen verarbeitet, die tatsächlich einen Übergang erlebt haben (*within*-Schätzer). Somit wird mögliche Verzerrung durch interindividuelle Unterschiede ausgeschlossen (*between*-Schätzer), die auch aufgrund von Selektion entstehen können. Ein Beispiel für einen Selektionsmechanismus wäre, wenn das Alleinerziehen von bestimmten Müttern umgangen werden würde (zum Beispiel durch die Vermeidung von Trennungen auch dysfunktionaler Partnerschaften), für die auch bestimmte Kontaktmuster mit Familienmitgliedern und Freunden typisch wären (zum Beispiel ein kleiner, stabiler Freundeskreis). FE Regression ist deshalb besser als OLS Regression dazu geeignet, behutsame Aussagen zum kausalen Verhältnis des betrachteten Zusammenhangs zu treffen. An dieser Stelle soll noch einmal hervorgehoben werden, dass aufgrund der Befragungsintervalle der Kontakthäufigkeit im SOEP zwischen den Beobachtungspunkten im analytischen Sample drei bis fünf Jahre liegen. Die FE-Koeffizienten des Übergangs ins Alleinerziehen beziehen sich also auf Veränderungen in der Kontakthäufigkeit zwischen zwei Zeitpunkten, die durchschnittlich etwa vier Jahre auseinanderliegen. Das bedeutet, dass die Analyse nicht alle Dynamiken in Familie und sozialen Beziehungen aufgreift, die tatsächlich in dieser Zeit ablaufen. Für die Interpretation der Ergebnisse muss entsprechend berücksichtigt werden, dass diese eher längerfristige Entwicklungen abbilden.

Um zweitens die möglichen Unterschiede in der sozialen Integration Alleinerziehender mit unterschiedlichem Familienstand zu untersuchen, vergleiche ich die geschätzte Kontakthäufigkeit während des Alleinerziehens auf Basis von Ordinary Least Square (OLS) Regression mit robusten Standardfehlern zwischen Subgruppen Alleinerziehender.[2] In diesem Schritt bevorzuge ich die Querschnittsanalyse, da für die Fragestellung der beobachtete Übergang nicht entscheidend ist und so auf eine größere Fallzahl innerhalb der Kategorien des Familienstands zurückgegriffen werden kann. Ich nutze Modelle mit robusten Standardfehlern, um der Datenstruktur mehrerer Beobachtungen je Individuum gerecht zu werden. Die Frage danach, inwiefern die Zusammenhänge abhängig von den sozialkulturellen Gegebenheiten sind, wird über die vergleichende Perspektive zwischen Müttern in Ost- und Westdeutschland adressiert.

6.2.1 Abhängige Variablen

In der Analyse ziehe ich zwei abhängige Variablen für soziale Kontakte heran: gegenseitige Besuche mit der Familie (einschließlich Familienangehörige und Verwandte)[3] und gegenseitige Besuche mit Freunden (einschließlich Nachbarn, Freunde und Bekannte). Die Kontakthäufigkeit mit Familie und Freunden wurde im SOEP mit der Frage nach den Freizeitaktivitäten erhoben. Der Wortlaut der Fragestellung ist: „Geben Sie bitte zu jeder Tätigkeit an, wie oft Sie das machen: Gegenseitige Besuche von Nachbarn, Freunden oder Bekannten" bzw. „Gegenseitige Besuche von Familienangehörigen oder Verwandten". Die Antwortkategorien sind auf einer fünfstufigen Skala abgebildet. Für die folgende Analyse wurden

---

[2]Zur Absicherung der Ergebnisse habe ich die Analysen auch mit Ordered Logit Modellen (Williams 2012; Long und Freese 2014) durchgeführt, die der Ordinalskalierung der abhängigen Variablen besser Rechnung tragen, deren Interpretation aber weniger intuitiv ist. Die Analysen führen zu denselben substanziellen Ergebnissen.

[3]Es wurde folgende Frage im Fragebogen erhoben: „Geben Sie bitte zu jeder Tätigkeit an, wie oft Sie das machen: ... Gegenseitige Besuche von Nachbarn, Freunden oder Bekannten. ... Gegenseitige Besuche von Familienangehörigen oder Verwandten."

6.2 Analysedesign

die Kategorien umgekehrt, sodass kleinere Werte geringere Kontakthäufigkeit abbilden (1 = nie, 2 = seltener als einmal pro Monat, 3 = mindestens einmal pro Monat, 4 = mindestens einmal pro Woche, 5 = täglich). Da die abhängigen Variablen ordinal skaliert sind ist OLS Regression nur eingeschränkt geeignet. Robustheitsanalysen mit Ordered Logit Regressionen bestätigen jedoch substanziell die Ergebnisse.

6.2.2 Unabhängige Variablen

Die zentralen unabhängigen Variablen in den folgenden Analysen sind der Partnerschaftsstatus der Mutter, ihr Familienstand und ihr Wohnsitz zum Zeitpunkt der Befragung (Ost- oder Westdeutschland). Für den Partnerschaftsstatus wird ein Haushaltskonzept angelegt. Er wird daran gemessen, ob die Mütter angeben derzeit in einer festen Partnerschaft zu sein und mit diesem Partner oder dieser Partnerin zusammenleben (in Partnerschaft) oder nicht (single). Der Familienstand wird im SOEP in der jährlichen Befragung erhoben und ich unterscheide die drei Kategorien: a) ledig, b) geschieden und c) verwitwet. Der Wohnsitz wird im SOEP als Befragungsregion in Ost- oder Westdeutschland erhoben. In den OLS Analysen wird für den sozioökonomischen Status der Mütter (höchster erlangter Bildungsabschluss, Erwerbstätigkeit und verfügbares Haushaltsnettoeinkommen), demografische Merkmale (eigenes Alter der Mutter, Alter des jüngsten Kindes im Haushalt, Partnerschaftsstabilität) und die Periode in der das Alleinerziehen erlebt wird (1980er, 1990er, 2000er Jahre) kontrolliert. In den Fixed-Effects Modellen werden nur die zeitlich veränderbaren Variablen aufgenommen, deren möglichen Einfluss auf die Beziehung zwischen Alleinerziehen und Kontakthäufigkeit ich konstant halten möchte.

Tab. 6.1 charakterisiert das Sample getrennt nach Wohnort der Mutter zum ersten Beobachtungszeitpunkt. Die Verteilung der Eigenschaften der Mütter im Sample ist, wie aus der Literatur zu Familienstrukturen in Ost- und Westdeutschland zu erwarten. Für Ostdeutschland deutet sich im Einklang mit bekannten Befunden eine geringere Verbreitung von Ehe und mehr ledige Mutterschaft an sowie ein durchschnittlich niedrigeres Alter der Mutter bei Erstgeburt, höhere Müttererwerbstätigkeit und niedrigere Durchschnittseinkommen.

Tab. 6.1 Deskriptive Statistik zur Stichprobe nach Wohnort in Ost- und Westdeutschland. (Quelle: SOEP (v30) Daten, gepoolt, 1990, 1995, 1998, 2003, 2008, 2013; Mütter mit Kindern unter 18 Jahren)

	West	Ost
Mutter in Partnerschaft	89	85
Alleinerziehende Mutter	11	15
Ledig	35	44
Geschieden	58	51
Verwitwet	7	5
Durchschnittliches Alter der Mutter (in Jahren)	37	38
Alter bei Erstgeburt		
<20 Jahre	13	16
20–29 Jahre	68	78
30+ Jahre	19	6
Alter des jüngsten Kindes		
0–2 Jahre	21	15
3–6 Jahre	24	22
7–12 Jahre	31	32
13–18 Jahre	23	29
Bildungsniveau der Mutter		
Geringer als Abitur/Lehre	6	5
Abitur oder Lehre	23	13
Höher als Abitur/Lehre	52	66
Erwerbstätig	71	74
Verfügbares Nettohaushalteinkommen (Durchschnitt)	39,198	32,648

6.3 Ergebnisse

6.3.1 Kontakthäufigkeit in Ost und West

Zunächst sollen die Verteilungen der beiden Indikatoren für Kontakthäufigkeit beschrieben und den zentralen unabhängigen Variablen bivariat gegenübergestellt werden. Der größte Anteil der Mütter in der Stichprobe gibt sowohl für Familienangehörige und Verwandte (41 %) als auch für Freunde und Bekannte (43 %)

6.3 Ergebnisse

einen Wert von vier an. Das bedeutet, dass sich die Mehrzahl der Mütter mit ihren Freunden und ihrer Familie mindestens einmal in der Woche gegenseitig besuchen. Zwischen den Beobachtungen von Alleinerziehenden und Müttern in Partnerschaft lassen sich in der bivariaten Betrachtung signifikante Unterschiede feststellen. Es zeigt sich in Bezug auf die Familie, dass Alleinerziehende sowohl die Kategorie „nie" als auch die Kategorie „täglich" häufiger angeben als Mütter in Partnerschaft. In Bezug auf Kontakte mit Freunden und Bekannten hingegen geben Alleinerziehende nur die Kategorien „täglich" und „mindestens 1 × pro Woche" häufiger an. Die Betrachtung nach Wohnsitz der Mütter in Ost- und Westdeutschland zeigt ebenfalls Unterschiede zwischen den Kontaktmustern alleinerziehender Mütter und Müttern in Partnerschaft.

Abb. 6.1 und 6.2 zeigen Unterschiede in der Kontakthäufigkeit zwischen alleinerziehenden Müttern und Müttern in Partnerschaft nach Wohnsitz in Ost- oder Westdeutschland. Die Balken geben die Differenz in den Prozentpunkten der jeweiligen Kontakt-Kategorie an. In Abb. 6.1 ist zu sehen, dass sich Alleinerziehende und Mütter in Partnerschaft in Ostdeutschland stärker in ihren Angaben zur Kontakthäufigkeit mit Familienangehörigen unterschieden als in Westdeutschland. Insbesondere fällt auf, dass ein größerer Anteil Alleinerziehender die Kategorien

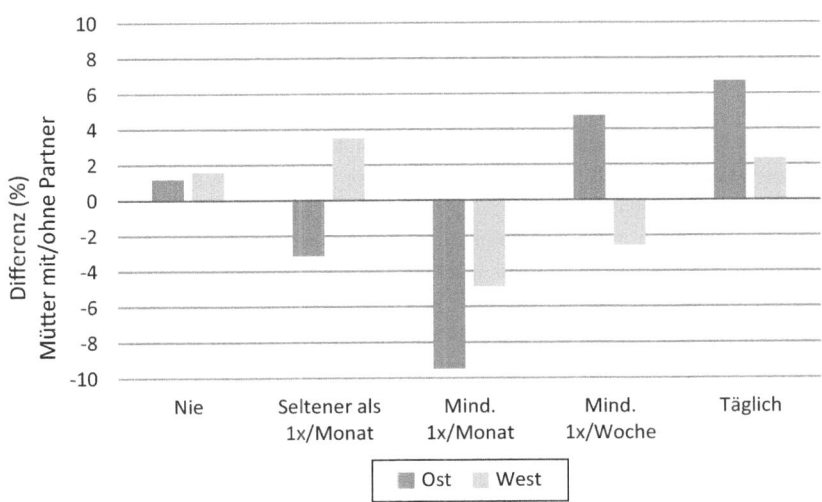

Abb. 6.1 Unterschiede in der Kontakthäufigkeit mit Familienangehörigen zwischen Alleinerziehenden und Müttern in Partnerschaft in Ost- und Westdeutschland. (Quelle: SOEP (v30) Daten, gepoolt, 1990, 1995, 1998, 2003, 2008, 2013, eigene Berechnungen)

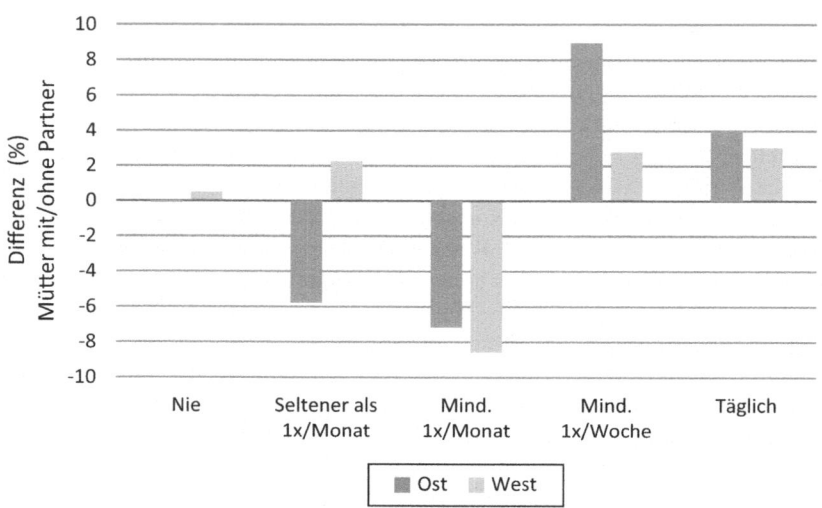

Abb. 6.2 Unterschiede in der Kontakthäufigkeit mit Freunden und Bekannten zwischen Alleinerziehenden und Müttern in Partnerschaft in Ost- und Westdeutschland. (Quelle: SOEP (v30) Daten, gepoolt, 1990, 1995, 1998, 2003, 2008, 2013, eigene Berechnungen)

„mindestens einmal pro Woche" und „täglich angegeben hat". Hinsichtlich der Kontakthäufigkeit mit Freunden (Abb. 6.2) zeigt sich teilweise ein ähnliches Muster in Bezug auf die Unterschiede zwischen Ost- und Westdeutschland. Auch hier sind die Differenzen in den Angaben zur Kontakthäufigkeit zwischen alleinerziehenden Müttern und Müttern in Partnerschaft in Ostdeutschland ausgeprägter. Ein größerer Anteil alleinerziehender Mütter in Ostdeutschland gibt an, sich mit Freunden und Bekannten mindestens einmal pro Woche zu treffen. Bedeutend geringere Anteile Alleinerziehender in Ostdeutschland geben hingegen im Vergleich zu Müttern in Partnerschaft eine Kontakthäufigkeit von einmal im Monat oder seltener an. Die multivariaten Analysen sollen klären, ob diese Unterschiede auch nach Kontrolle anderer möglicher Einflussfaktoren bestehen bleiben.

Zur Einführung einer Längsschnittperspektive sind in Abb. 6.3 und 6.4 die geschätzten Besuchshäufigkeiten mit Familie und Freunden an fünf Zeitpunkten abgebildet.[4] Zu Zeitpunkt t = 0 sind die Mütter zum ersten Mal als alleinerziehend beobachtet worden. Zeitpunkte t = −2 und t = −1 beziehen sich auf die

---

[4]Die vollständigen Modelle befinden sich im Anhang.

6.3 Ergebnisse

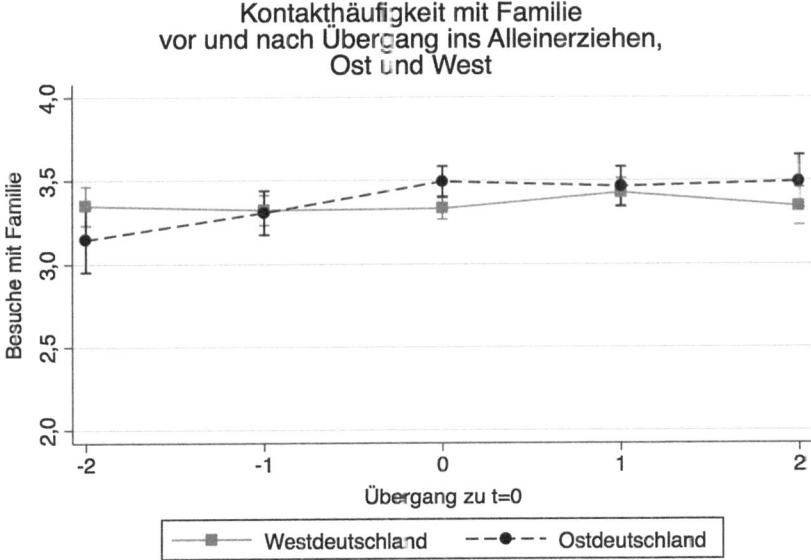

Abb. 6.3 Geschätzte Kontakthäufigkeit mit Familienangehörigen im Zeitverlauf (Anmerkungen: OLS-Regression; Kontrollvariablen Alter des jüngsten Kindes, Alter, Erwerbsstatus und Bildungsabschluss der Mutter, Haushaltseinkommen und Periode in der das Alleinerziehen erlebt wurde [1980er, 90er oder 2000er Jahre]. Für das vollständige Modell siehe Tab. A.3 im Anhang). (Eigene Darstellung)

Zeitpunkte vor dem Übergang, Zeitpunkte $t = 1$ und $t = 2$ auf die Zeitpunkte nach dem Übergang ins Alleinerziehen. Aufgrund der Datenstruktur (Messung von Kontakthäufigkeit alle 3–4 Jahre im SOEP) sind die Abstände zwischen den Zeitpunkten entsprechend breit. Deshalb handelt es sich insgesamt um eine durchschnittliche Zeitspanne von jeweils 8 Jahren vor und nach dem Übergang ins Alleinerziehen. Die Schätzungen basieren auf OLS Regressionsmodellen, in denen ein Interaktionseffekt zwischen der Zeitvariable t mit dem Wohnort der Mütter in Ost- und Westdeutschland geschätzt wurde. Es werden Informationen von allen Müttern berücksichtigt, die in dem Zeitraum als Alleinerziehende beobachtet wurden. Da nicht alle Mütter, für die Beobachtungen des Alleinerziehens im Datensatz vorhanden sind, auch über den gesamten Zeitraum beobachtet werden, variieren die Fallzahlen zwischen den Zeitpunkten (und damit die Konfidenzintervalle). Hinsichtlich der Kontakthäufigkeit mit Familienangehörigen lässt sich für Mütter in Ostdeutschland ein leicht erhöhter durchschnittlicher Wert zum Zeitpunkt des Übergangs ins Alleinerziehen feststellen, während sich

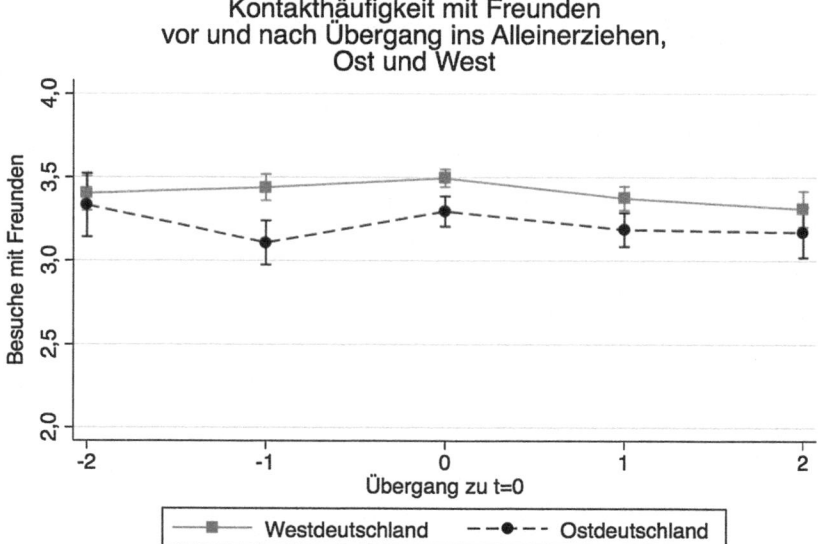

Abb. 6.4 Geschätzte Kontakthäufigkeit mit Freunden im Zeitverlauf (eigene Darstellung). (Quelle: SOEP Daten gepoolt [1990, 1995, 1998, 2003, 2008, 2013]; Sample von Müttern 18–59 Jahre; Ergebnisse basieren auf OLS Regression mit robusten Standardfehlern [Kontrollvariablen: Bildungsabschluss, Erwerbstätigkeit, Einkommen, Alter der Mutter und Alter des jüngsten Kindes im Haushalt, Periode 1980er, 1990er oder 2000er Jahre]. Für das vollständige Modell siehe Tab. A.4 im Anhang)

die geschätzte Kontakthäufigkeit bei Müttern in Westdeutschland über die beobachteten Zeitpunkte nicht zu verändern scheint. Bei den Unterschieden in der Kontakthäufigkeit unter Müttern in Ostdeutschland zwischen den Beobachtungspunkten ist ab dem Übergang ins Alleinerziehen ein Zuwachs über das westdeutsche Niveau angedeutet. Die für Mütter in Ostdeutschland beobachtete Dynamik bedeutet allerdings nicht, dass sich die Kontaktmuster zwischen Ost und West signifikant voneinander unterschieden.

Hinsichtlich der Kontakthäufigkeit mit Freunden zeigt sich ein anderes Muster. Hier gibt es signifikante Unterschiede zwischen den Kontaktmustern der Mütter in Ost- und Westdeutschland um den Übergang ins Alleinerziehen. Die Unterschiede sind vor allem als Niveauunterschiede zu verstehen, die sich aber auch durch die unterschiedlichen zeitlichen Dynamiken ergeben. Zwar unterscheiden sich die geschätzten Kontakthäufigkeiten nicht zwischen Ost und West zum Zeitpunkt $t = -2$. Für Mütter in Westdeutschland ist aber die geschätzte Kontakthäufigkeit mit Freunden zum Übergang ins Alleinerziehen höher. Dies liegt vor allem daran, dass zum Zeitpunkt t = −1 für die Mütter in Ostdeutschland eine geringere Kontakthäufigkeit mit Freunden zu beobachten ist, was zum Zeitpunkt des Übergangs wieder ausgeglichen wird. Das Niveau der Kontakthäufigkeit in Westdeutschland ist allerdings auch zu t = 0 weiter signifikant höher als in Ostdeutschland. Zu den Messzeitpunkten nach dem Übergang ins Alleinerziehen nähern sich die geschätzten Kontakthäufigkeiten wieder an und die Unterschiede zwischen den Gruppen sind statistisch nicht signifikant. Im folgenden Schritt sollen die möglichen Auswirkungen des Übergangs ins Alleinerziehen stärker kausalanalytisch untersucht werden.

6.3.2 Auswirkungen des Übergangs ins Alleinerziehen auf Kontakte

Zur Analyse der Auswirkungen des Übergangs ins Alleinerziehen auf die Kontakthäufigkeit mit Familienangehörigen respektive Freunden werden Fixed-Effects Verfahren angewendet. Es werden vier Modelle geschätzt, jeweils für Mütter mit Wohnsitz in Ostdeutschland und Mütter mit Wohnsitz in Westdeutschland zur Kontakthäufigkeit mit Familienmitgliedern auf der einen Seite und mit Freunden und Bekannten auf der anderen Seite. Ich vergleiche die Effekte über die Modelle hinweg miteinander. Die notwendige Annahme, dass sich die abhängigen Variablen zwischen den Modellen nicht unterscheiden, ist plausibel.

Abb. 6.5 zeigt die Koeffizienten für den Übergang ins Alleinerziehen auf Kontakthäufigkeit aus den vier Modellen.[5] Die Kontakthäufigkeit mit Familienangehörigen ist in der Abbildung mit weißen Quadraten und für Kontakthäufigkeit mit Freunden und Bekannten mit gefüllten Kreisen markiert. Die vertikalen Linien deuten die Konfidenzintervalle an (95 %-Niveau). Statistisch signifikant sind die Effekte, wenn die Konfidenzintervalle den Nullpunkt (horizontale Linie) nicht überschreiten. Da es sich um separate Modelle handelt, können die Konfidenzintervalle nicht als Hinweis dafür verwendet werden, ob sich die Effekte signifikant voneinander unterscheiden.[6] Hinsichtlich der Auswertung von Abb. 6.5 lässt sich

---

[5]Die vollständigen Modelle befinden sich im Anhang.
[6]Separate Analysen mit dem ganzen Sample und Interaktionseffekten zwischen Ost/West und Single/Paar-Müttern (nicht abgebildet) zeigen, dass sich der Alleinerziehenden-Effekt auf Kontakthäufigkeit mit Familienangehörigen in Westdeutschland signifikant von dem in Ostdeutschland unterscheidet ($p < 0{,}05$). Für den Alleinerziehenden-Effekt auf Kontakthäufigkeit mit Freunden und Bekannten zeigen sich hingegen keine statistisch signifikanten Unterschiede zwischen Müttern in Ost- und Westdeutschland.

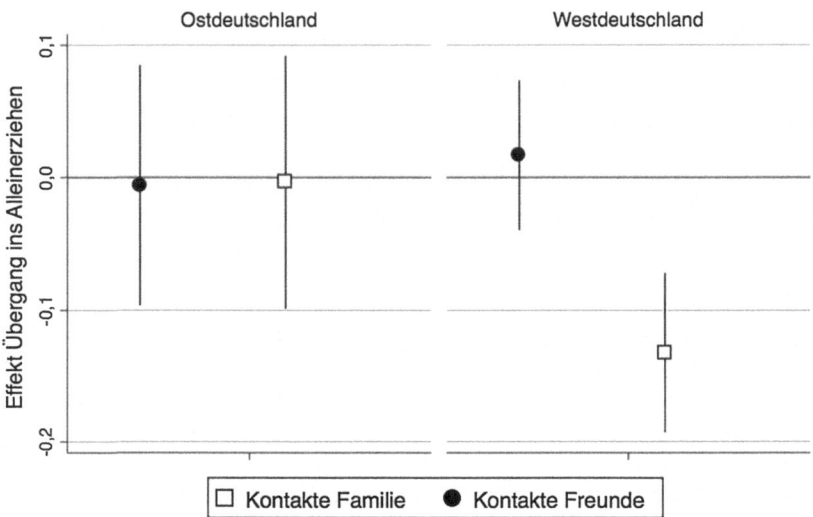

Abb. 6.5 Effekte des Alleinerziehens auf die Kontakthäufigkeit mit Familienangehörigen und Freunden, Fixed-Effects Regressionen, 4 Modelle (eigene Darstellung). (Quelle: SOEP Daten gepoolt [1990, 1995, 1998, 2003, 2008, 2013]. Anmerkungen: Sample von Müttern mit Kindern unter 18 Jahren im Haushalt; Kontrollvariablen: Alter der Mutter, Alter des jüngsten Kindes, höchstes erreichtes Bildungsniveau, Erwerbstätigkeit und Haushaltseinkommen. Für die vollständigen Modelle siehe Tab. A.5 im Anhang)

festhalten, dass auf Basis der Stichprobe der Eintritt ins Alleinerziehen für Mütter in Ost- und Westdeutschland nur in einem Fall Auswirkungen zu haben scheint. Demnach reduzieren nur die in Westdeutschland ansässigen Mütter nach Übergang ins Alleinerziehen ihre sozialen Kontakte mit Familienangehörigen und Verwandten. Dies ließ sich einerseits auf Basis der Ergebnisse aus dem vorherigen Analyseschritt vermuten und unterstützt die Hypothese des Rückzugs auf sozialen Beziehungen nach dem Übergang ins Alleinerziehen. Andererseits könnte der Befund ein Hinweis darauf sein, dass Kontakte mit der Familie in Westdeutschland insgesamt, wie auf Basis der theoretischen Ausführungen vermutet, einen geringeren Stellenwert haben als in Ostdeutschland. Auf Basis der Ergebnisse könnte diese Tendenz nach dem Übergang ins Alleinerziehen, zumindest was die hier berücksichtigte Zeitspanne zwischen den Beobachtungspunkten angeht, verstärkt. Die Ergebnisse widersprechen auf der anderen Seite der Hypothese, dass

6.3 Ergebnisse 81

besonders Familienangehörige eine wichtige Quelle der Unterstützung für Alleinerziehende darstellen. Auch, dass besonders ostdeutsche Mütter die Abwesenheit des Partners mit Kontakt zu Familienangehörigen kompensieren, wird nicht bestätigt.

Für die Kontakte mit Freunden zeigt sich für ostdeutsche Mütter wiederum kein Effekt des Übergangs ins Alleinerziehen. In Westdeutschland erweist sich der kleine positive Effekt des Übergangs ins Alleinerziehen auf die Kontakthäufigkeit mit Freunden als nicht statistisch signifikant. Damit sind weder die Erwartungen bestätigt, dass Alleinerziehen mit kompensatorischen Kontaktmustern einhergeht, noch dass es mit Rückzug aus dem Freundeskreis verbunden ist, wie es für Ostdeutschland erwartet und im vorherigen Analyseschritt angedeutet war.

6.3.3 Kontakthäufigkeit nach Familienstand Alleinerziehender

Im nächsten Schritt ergänze ich die Analyse durch die Betrachtung der Kontakthäufigkeit unter Berücksichtigung des Familienstands während des Alleinerziehens. Für diesen Vergleich nehme ich wieder eine Querschnittsperspektive ein und schätze OLS-Modelle der Kontakthäufigkeit mit robusten Standardfehlern jeweils mit Familienangehörigen und Freunden. Es fließen nur Informationen von den Beobachtungen ein, in denen die Mütter alleinerziehend waren. Als Familienstand wird unterschieden zwischen ledigen, geschiedenen und verwitweten Alleinerziehenden. Eine feingliedrigere Kategorisierung des Institutionalisierungsgrads des Partnerschaftsstatus, auf Grundlage derer die rechtliche und sozialpolitische Unterstützung bemessen werden könnte, ist für zukünftige Untersuchungen wünschenswert. Der Status ledig unterscheidet zum Beispiel nicht danach, ob dennoch eine nicht eheliche Partnerschaft besteht, was direkte Auswirkungen auf die Bemessungsgrundlage für Sozialtransfers haben kann.

Abb. 6.6 zeigt geschätzte Kontakthäufigkeiten mit Familienangehörigen und Verwandten von alleinerziehenden Müttern in Ost- und Westdeutschland für die drei Kategorien. Demnach scheint es leichte Niveauunterschiede zwischen den Kategorien des Familienstands zu geben. Ledige Mütter scheinen zum Beispiel etwas mehr Kontakt mit der Familie zu haben als geschiedene. Allerdings sind die Unterschiede nicht statistisch signifikant. Auch die Ost-West-Unterschiede, nach denen Mütter in Ostdeutschland in allen drei Kategorien eine höhere Kontakthäufigkeit haben, sind

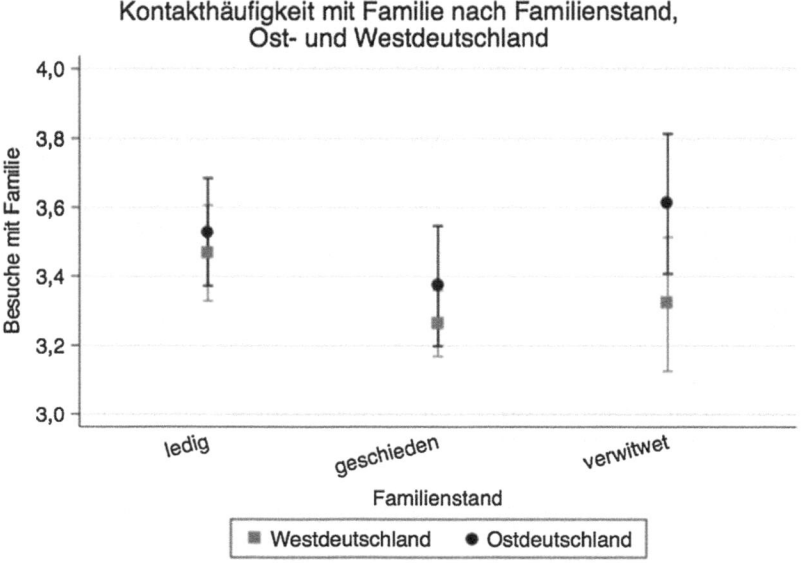

Abb. 6.6 Kontakthäufigkeit mit Familie während des Alleinerziehens nach Familienstand. (Quelle: SOEP Daten gepoolt [1990, 1995, 1998, 2003, 2008, 2013]; Sample von Müttern 18–59 Jahre; Ergebnisse basieren auf OLS Regression mit robusten Standardfehlern, 90 %-Konfidenzintervalle [Kontrollvariablen: Bildungsabschluss, Erwerbstätigkeit, Einkommen, Alter der Mutter und Alter des jüngsten Kindes im Haushalt, Periode 1980er, 1990er oder 2000er Jahre]. Für das vollständige Modell siehe Tab. A.6 im Anhang)

nicht statistisch abgesichert. Dieser Befund deckt sich auch mit den Ergebnissen aus Abb. 6.3, wonach sich die Kontakthäufigkeit mit Familienangehörigen über Zeitpunkte um den Übergang ins Alleinerziehen nicht zwischen Müttern in Ost- und Westdeutschland unterscheidet.

Abb. 6.7 zeigt die geschätzte Kontakthäufigkeit mit Freunden von alleinerziehenden Müttern in Ost- und Westdeutschland für die drei Kategorien des Familienstands. Hier deutet sich ein hierarchisches Muster an, nachdem ledige Mütter am meisten, geschiedene Mütter ein mittleres und verwitwete Mütter das niedrigste Niveau in der Kontakthäufigkeit haben. Ein statistisch signifikanter Unterschied zeigt sich aber nur für die Kontakthäufigkeit von ledigen Alleinerziehenden in Westdeutschland (mehr Kontakte) und geschiedenen Alleinerziehenden in Ostdeutschland (weniger Kontakte).

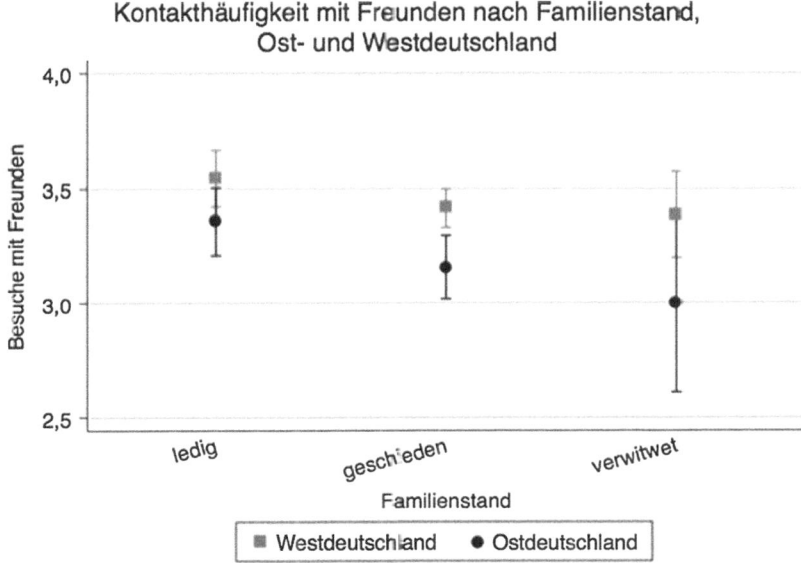

Abb. 6.7 Kontakthäufigkeit mit Freunden während des Alleinerziehens nach Familienstand (eigene Darstellung). (Quelle: SOEP Daten gepoolt [1990, 1995, 1998, 2003, 2008, 2013]; Sample von Müttern 18–59 Jahre; Ergebnisse basieren auf OLS Regression mit robusten Standardfehlern, 90 %-Konfidenzintervalle [Kontrollvariablen: Bildungsabschluss, Erwerbstätigkeit, Einkommen, Alter der Mutter und Alter des jüngsten Kindes im Haushalt, Periode 1980er, 1990er oder 2000er Jahre]. Für das vollständige Modell siehe Tab A.7 im Anhang)

6.4 Zusammenfassung

In diesem Kapitel wurden die Muster der sozialen Einbindung von alleinerziehenden am Beispiel Kontakthäufigkeit mit Familienangehörigen und Freunden und Bekannten in Deutschland beschrieben. Dazu habe ich vier Forschungsfragen bearbeitet: a) Geht Alleinerziehen mit einer Reduktion sozialer Kontakte der Mütter einher? b) Unterscheiden sich die Kontaktmuster zwischen unterschiedlichen Beziehungstypen, Familie auf der einen Seite und Freunde auf der anderen Seite? c) Unterscheiden sich die Kontaktmuster zwischen Alleinerziehenden mit unterschiedlichem Familienstand? und d) Inwiefern sind die Zusammenhänge abhängig von den soziokulturellen Gegebenheiten? Diese Fragen wurden in kombinierter Form in zwei Analyseschritten bearbeitet. Der erste Schritt befasste sich mit den Auswirkungen des Übergangs ins Alleinerziehen auf Kontakte mit Familie und Freunden in Ost- und Westdeutschland (Fragen a, b und d). Der zweite Schritt betrachtete Unterschiede zwischen Alleinerziehenden mit unterschiedlichem Familienstand in Ost- und Westdeutschland (Fragen c und d).

Im ersten Schritt habe ich untersucht, ob Alleinerziehen für die Mütter mit einem Rückzug aus sozialen Kontakten oder mit der Kompensation der Abwesenheit eines Partners oder einer Partnerin mit anderen sozialen Kontakten einhergeht. Beide Muster konnten aus theoretischen Überlegungen heraus plausibilisiert werden. Ein Rückzug aus sozialen Kontakten lässt sich einerseits aufgrund des relativen Zeitmangels von Alleinerziehenden erwarten, und andererseits wegen der vergleichsweise geringeren Gelegenheiten im Vergleich zu Müttern, die mit einem Partner oder einer Partnerin leben und ein eigenes Netzwerk sozialer Kontakte mit in die Beziehung bringen. Auf der anderen Seite lässt sich erwarten, dass Alleinerziehende im Vergleich zu Müttern in Partnerschaft einen erhöhten instrumentellen und emotionalen Unterstützungsbedarf haben. Mit Blick auf die bisherige Literatur zum Thema soziale Beziehungen im Lebensverlauf wurde außerdem berücksichtigt, mit welcher Art von Kontakten Alleinerziehende eher für abwesende Partner kompensieren. Die Literatur bietet beispielsweise Hinweise darauf, dass insbesondere Großmütter alleinerziehende Mütter bei der Kinderbetreuung unterstützen. Ob sich diese Beobachtung auch auf die Unterstützung durch andere Familienmitglieder ausdehnen lässt, ist jedoch offen. Zudem könnte die Familiensituation des Alleinerziehens Kontakte mit Freunden eher erschweren, da Ressourcen zur Pflege von Freundschaften knapp sind. Die empirischen Ergebnisse dieses Kapitels weisen nun darauf hin, dass Alleinerziehen nicht prinzipiell mit einem Rückzug aus sozialen Kontakten verbunden ist, weder im Fall von Familienangehörigen noch im Fall von Freunden und Bekannten. Der erhöhte Unterstützungsbedarf scheint aber gleichzeitig nicht damit verbunden zu sein, dass Kontakthäufigkeiten ansteigen. Ungeklärt bleibt auch nach dieser Analyse, ob eine Umverteilung innerhalb des sozialen Netzwerkes zugunsten einiger bestimmter Personen und auf Kosten anderer Kontakte geht.

Der Vergleich zwischen Müttern in Ost- und Westdeutschland brachte bezogen auf die Kontakthäufigkeit von Alleinerziehenden in unterschiedlichen soziokulturellen Kontexten weiterführende Erkenntnisse. Die Literatur hat bisher gezeigt, dass aufgrund der unterschiedlichen Staats- und Gesellschaftssysteme während der deutsch-deutschen Teilung hier generell charakteristische Organisationsmuster sozialer Beziehungen entstanden sind. Im Fall der differenziellen Auswirkung des Alleinerziehens auf soziale Integration in den beiden Kontexten gab es jedoch nur eine Auffälligkeit. Mütter in Westdeutschland zeigten nach dem Übergang

6.4 Zusammenfassung

ins Alleinerziehen eine verminderte Kontakthäufigkeit mit Familienangehörigen. Dies deckt sich insoweit mit der Literatur, als dass für Westdeutschland generell eine geringere Familienorientierung angenommen wird als für Ostdeutschland. Die Ergebnisse beziehen sich, wie oben ausgeführt, nur auf den Unterschied zwischen dem Beobachtungsjahr des Übergangs ins Alleinerziehen und dem Zeitpunkt ca. vier Jahre zuvor. Über kurzfristige Änderungen in den Kontaktmustern können die durchgeführten Analysen keinen Aufschluss geben. Es lässt sich aber schließen, dass es sich bei alleinerziehenden Müttern keine grundsätzliche Tendenz zur sozialen Isolation abzeichnet.

Im zweiten Schritt habe ich den Fokus stärker auf die Heterogenität des Alleinerziehens gelegt und Niveauunterschiede in der Kontakthäufigkeit zwischen Alleinerziehenden mit unterschiedlichem Familienstand in Ost- und Westdeutschland untersucht. Die Erwartungen zu möglichen Differenzen gingen hier in zwei gegensätzliche Richtungen. Zum einen könnten ledige Alleinerziehende stärker als geschiedene und verwitwete Alleinerziehende moralischer Wertung ausgesetzt sein, was sich in schwächerer sozialer Integration äußern würde. Zum anderen könnte lediges Alleinerziehen aber auch mit urbaneren, weniger traditionellen Lebensstilen einhergehen, die prinzipiell durch stärkere soziale Vernetzung gekennzeichnet sind. Die Ergebnisse dieses Kapitels zeigten, dass der rechtliche Familienstand nur geringen Erklärungswert für Unterschiede in den Mustern sozialer Integration Alleinerziehender zu haben scheint. Dies könnte darauf zurückzuführen sein, dass die unterschiedlichen Lebenssituationen mit diesem Indikator nicht sinnvoll abgebildet werden können. Es zeigen sich prinzipiell Niveauunterschiede nach Familienstand, die auf der vorliegenden Datenbasis allerdings nicht statistisch abgesichert sind. Ein statistisch belegter Befund ist jedoch, dass ledige Alleinerziehende in Westdeutschland eine leicht höhere Kontakthäufigkeit mit Freunden und Bekannten haben als geschiedene Mütter in Ostdeutschland. Die Unterschiede zwischen Müttern in Ost und West innerhalb der einzelnen Familienstände sind jedoch nicht signifikant. Eine mögliche Interpretation dieses Befunds ist, dass die Kontaktmuster lediger Alleinerziehender in Westdeutschland sich insbesondere von denen geschiedener Alleinerziehender in Ostdeutschland unterscheiden, weil die Untergruppen im Vergleich zum jeweils anderen Kontext eine spezifische, untergeordnete Rolle innehaben, die ihren jeweiligen Status hier hervorhebt und den Vergleich markanter macht.

Insgesamt konnte ich mit diesem Kapitel dafür sensibilisieren, dass Alleinerziehen eine heterogene Familienform ist, deren Unterschiede sich potenziell in soziale Kontaktmuster übersetzen können. Auf Grundlage der in diesem Kapitel ausgewählten Dimensionen und empirischen Indikatoren wurden zwar vereinzelt Unterschiede in der Kontakthäufigkeit zwischen Alleinerziehenden offenbar, insgesamt zeigte sich aber kein starkes Muster der Differenz. Einer der Gründe für diese Beobachtung könnte sein, dass die Kategorie Alleinerziehen ein genügend scharfes Bild der Lebensform zeichnet, um die soziale Integration abzubilden. Dies spräche dafür, dass eine differenziertere Betrachtung von Alleinerziehen im Falle von sozialer Integration nicht notwendig ist. Allerdings würde dann die festgestellte Eigenheit der Kontakthäufigkeit von Alleinerziehenden mit Familienangehörigen in Westdeutschland sowie die kontextuell begründeten Unterschiede in der Kontakthäufigkeit mit Freunden zwischen Alleinerziehenden mit unterschiedlichem Familienstand übersehen. Inwiefern dies für das inhaltliche Argument entscheidend ist, ist abhängig von der jeweiligen Forschungsfrage. Für zukünftige Untersuchungen von sozialen Kontakten Alleinerziehender wäre es empfehlenswert, andere Datenquellen mit einem stärkeren Fokus auf die regelmäßige Messung von sozialen Kontakten und sozialer Unterstützung heranzuziehen. Zudem können die Ergebnisse dazu dienen, den instrumentellen Unterstützungsbedarf in unterschiedlichen Lebensformen zu ermessen. Dafür wäre es wichtig, die Kontaktmuster mit den Wünschen nach sozialen Kontakten der Alleinerziehenden abzugleichen, beispielsweise hinsichtlich der familialen Einbindung im westdeutschen Kontext.

Diskussion 7

Dieses Buch zeigt, dass Alleinerziehen als heterogene Lebensform verstanden werden muss, um die damit verbundenen Lebensbedingungen umfassend bewerten zu können. Motiviert ist der vorgestellte Ansatz durch die Diskrepanz zwischen den in der Literatur dominierenden theoretischen Konzepten des Alleinerziehens und Erklärungen zu ihrer sozialen und ökonomischen Position in der Gesellschaft auf der einen Seite, und den empirischen Befunden zum Alleinerziehen aus der demografischen und lebenslaufsoziologischen Forschung auf der anderen Seite. Konzeptuell wird Alleinerziehen nach wie vor überwiegend Eltern in Partnerschaft gegenübergestellt. Als Ausgangspunkt dient dabei die meist haushaltsbasierte strukturelle Definition des Zusammenlebens von jeweils ein oder zwei Eltern mit minderjährigen Kindern. Als theoretische Erklärung der sozialen Position Alleinerziehender dominiert die simple, überzeugende und empirisch belegte Annahme, Alleinerziehende seien durch ihre alleinige Verantwortung für Kinderbetreuung und Bewirtschaftung des Haushalts stärker belastet als Eltern in Partnerschaft, die sich diese Verantwortung teilen. Kap. 3 und 4 haben umfassend dargestellt, welche unterschiedlichen Perspektiven auf das Alleinerziehen üblicherweise innerhalb dieser konzeptuellen Eckpfeiler eingenommen werden. Obgleich diese klassische Perspektive des Vergleichs von Alleinerziehenden mit Zweielternfamilien das Wissen über die Bedingungen in unterschiedlichen Familienstrukturen von Eltern und ihren Kindern in den letzten Jahrzehnten entscheidend erweitert hat, greift sie doch zunehmend zu kurz. Es sind vornehmlich drei Gründe, warum es immer unzureichender ist, die soziale Position Alleinerziehender im Vergleich mit der Kernfamilie darzustellen: a) die Entwicklung von Demografie und Familienstrukturen seit den 1980er Jahren, b) die bessere Datenverfügbarkeit und c) der zunehmende Bedarf der Formulierung sozial- und familienpolitischer Unterstützungsstrategien.

7.1 Demografische Trends

Die Bedeutung des Alleinerziehens als gesellschaftliches Phänomen hat spätestens seit den 1980er Jahren stetig zugenommen, da eine steigende Zahl von Eltern und Kindern eine Zeit ihres Lebens in dieser Lebensform verbringt. Alleinerziehen ist hierin nicht unbedingt als ein eigenständiger demografischer Trend zu verstehen, sondern als das Ergebnis unterschiedlicher demografischer Entwicklungen. Charakteristisch am Anstieg des Alleinerziehens ist also die Mehrdimensionalität seiner Ursachen (vgl. Rowlingson und McKay 1998), die in der bisherigen Literatur eine untergeordnete Rolle gespielt hat und im vorliegenden Buch erstmals systematisch konzeptualisiert wird. Einerseits eröffnet die Aufschlüsselung des Alleinerziehens als multikausale Lebensform im Lebensverlauf, die jeweils mit den Ursachen verbundenen Risiken für die Individuen besser abzuschätzen. Andererseits ermöglicht es das Sichtbarmachen der unterschiedlichen Trends auf der Makroebene eine Analyse der Auswirkungen für die Ressourcenverteilung in der Gesellschaft.

Als Ursachen des Anstiegs von Alleinerziehenden-Haushalten können zum einen steigende Scheidungsraten gelten. Zum anderen ist die zunehmende Bedeutung nicht ehelicher Lebensgemeinschaften im Familienbildungsprozess Ursache dieses Anstiegs. Zwar beinhalten sowohl Trennungen als auch Scheidungen die Auflösung von Partnerschaften zwischen zwei Erwachsenen, sie sind aber durch unterschiedliche soziale Normierung sowie Institutionalisierungsgrade charakterisiert. Nicht eheliche Lebensgemeinschaften sind im Vergleich mit der Ehe durch eine größere Instabilität gekennzeichnet und enden damit häufiger im Alleinerziehen (Heuveline et al. 2003; Liefbroer und Dourleijn 2006; Schnor 2014). Auch die Scheidung oder Trennung von Stiefelternpaaren nimmt im Zuge wachsender Differenzierung von Familienverläufen zu. Trennungen von Stiefeltern führen zu einer erhöhten Familienkomplexität, die sich qualitativ von Trennungen biologischer Eltern unterscheidet (Thomson 2014). Eine weitere Ursache des Anstiegs des Alleinerziehens könnte die zunehmende Anzahl an Kindern sein, die außerhalb von Partnerschaften geboren werden. Allerdings ist es hier nicht einfach, sich einen empirischen Überblick zu verschaffen, weil die Daten dazu insbesondere in der Vergangenheit nicht standardmäßig erhoben wurden (Kreyenfeld et al. 2016). Wie in Abschn. 3.2 ausgeführt, lässt sich dieser Weg ins Alleinerziehen konzeptuell noch weiter aufschlüsseln. Bei der Geburt außerhalb einer Partnerschaft kann es sich zum Beispiel um den Fall handeln, dass eine Frau sich einen Kinderwunsch erfüllt, ohne die Partnerschaft als Voraussetzung zu sehen. Hierbei können unterschiedliche Strategien verfolgt werden, nicht zuletzt solche die mit

7.1 Demografische Trends

reproduktionsmedizinischen Verfahren einhergehen (rechtlich bislang in Deutschland nicht möglich). Andererseits kann die Geburt außerhalb einer Partnerschaft auch die Folge einer Trennung während der Schwangerschaft erfolgen.[1] Ob und inwiefern die unterschiedlichen demografischen Trends von Trennung, Scheidung und außerpartnerschaftlicher Geburt mit jeweils eigenen sozialen Auswirkungen für die Familien verbunden sind, wurde bisher in der Literatur nicht systematisch diskutiert.

Der in diesem Buch vorgeschlagene Ansatz ließe sich als theoretischer Ausgangspunkt nehmen, um diese und ähnliche Fragen zu beantworten. Zunächst dient der Ansatz jedoch der Analyse von Risiken auf der Mikroebene. Angelehnt an das Lebensformenkonzept (Huinink und Konietzka 2007) ist der Ansatz in eine Lebensverlaufsperspektive eingebettet. Er beinhaltet die Differenzierung des Alleinerziehens anhand von drei Dimensionen, denen eine zentrale Rolle für die Verteilung von sozialen und ökonomischen Ressourcen unterstellt wird. Die Dimensionen der Elternschaft, der Partnerschaft und des Timings bieten einen geeigneten Rahmen, um Erwartungen bezüglich der jeweiligen Risiken des Alleinerziehens zu formulieren. Dieser Rahmen wurde als Risikoraum des Alleinerziehens beschrieben. Die Kombination zwischen Art der Elternschaft, Art der Partnerschaft und dem Zeitpunkt des Übergangs im Lebensverlauf geht mit spezifischen Bedingungen für die Personen einher, die in Abschn. 4.4 ausgeführt wurden. Hier greifen unterschiedliche familien- und sozialpolitische Instrumente, die den Grad der Absicherung der Bedingungen bestimmen. Im Ergebnis entsteht das, was ich mit den Risikotypen des Alleinerziehens bezeichnet habe. Risikotypen beschreiben den Zusammenhang zwischen Alleinerziehen als Lebensform und dem Wohlfahrtsstaat als Kontext. Die Leistungen des Wohlfahrtsstaats werden hierbei in ihrer Relevanz für die jeweiligen Dimensionen des Alleinerziehens (Partnerschaft, Elternschaft, Timing) konzeptualisiert. Über diese Konzeptualisierung lassen sich spezifische Erwartungen zum Wohlbefinden von Alleinerziehenden in den jeweiligen Umständen ihrer Lebensform formulieren.

---

[1]Die anderen möglichen Wege ins Alleinerziehen zählen nicht zu den Ursachen des Anstiegs in den letzten Jahrzehnten. Die Adoption eines Kindes als alleinstehende Person ist in Deutschland zwar möglich aber die Ausnahme. Zudem gehen Adoptionszahlen in Deutschland aber seit den 1990er Jahren zurück (Arbeitsstelle Kinder- und Jugendhilfestatistik 2005). Die Verwitwung ist vor allem in historischer Perspektive ein wichtiger Weg ins Alleinerziehen (Hering 1998), der den derzeitigen Anstieg des Alleinerziehens aber ebenfalls nicht erklärt.

7.2 Datenverfügbarkeit

Neben der Beobachtung, dass unterschiedliche demografische Trends den Anstieg des Alleinerziehens befördern, spricht auch die insgesamt verbesserte Datenverfügbarkeit dafür, Alleinerziehen nicht mehr nur als relativ homogenen Familientypus zu betrachten. Sowohl die Zahl der Datensätze als auch die Qualität von Daten zu Familienstruktur und Familienleben hat in den letzten Jahrzehnten stetig zugenommen. Diese erweiterte und vertiefte Landschaft an Forschungsressourcen ermöglicht es, einige der konzeptuellen Dimensionen aufzugreifen, die in dem vorgeschlagenen Ansatz ausgeführt wurden, und die Zusammenhänge mit dem Wohlbefinden Alleinerziehender empirisch zu untersuchen. Zum einen gibt es einzelne Datensätze, die explizit für die Erhebung von Eigenschaften des Familienlebens entwickelt worden sind (in Deutschland zum Beispiel Deutsches Beziehungs- und Familienpanel *pairfam* und Aufwachsen in Deutschland: Alltagswelten *AID:A*). Zum anderen gibt es eine wachsende Zahl an Datensätzen, die Daten zu einem benachbarten sozialen Feld erfassen, aber auch Informationen zum Familienleben enthalten (z. B. Nationales Bildungspanel *NEPS*). Auch internationale Datensätze (z. B. European Union Statistics on Income and Living Conditions *EU-SILC,* Survey of Health, Ageing and Retirement in Europe, *SHARE,* Gender and Generations Programme, *GGP*) bieten attraktive Datenquellen für die Untersuchung von Familienstrukturen im Ländervergleich, die aufgrund ihres längeren Bestehens auch für Trend- oder Längsschnittuntersuchungen genutzt werden können.

Auf Basis dieser Datenquellen werden zunehmend tiefer gehende Analysen von Familienstrukturen und Dynamiken durchgeführt. Sie bieten das Potenzial, jenseits von Angaben zum Familienstand Aussagen über die Zusammensetzung von Haushalten oder sogar über die Zusammensetzung von Familien über die Haushaltsgrenzen hinweg zu erlangen. Forschung der Partnerschaftsverläufe alleinerziehender Mütter verweist auf die Vielfalt der Familienverläufe einer vermeintlich homogenen Lebensform (Bastin 2012, 2016). Studien zu multilokalen Nachtrennungsfamilien zeigen anschaulich, dass die Erfassung von Familie auf Grundlage des Haushalts für einige Familien nur einen Ausschnitt zeigt (Schier et al. 2011; Schier und Hubert 2015). Obgleich erst wenige Studien die temporale Positionierung des Alleinerziehens im Lebensverlauf in den Blick nehmen, so gibt es doch zunehmend empirische Hinweise auf die wichtige Rolle des Timings von Familienereignissen für soziales Wohlbefinden (z. B. Bernardi et al. 2008; Hansen et al. 2009; Miller 2009; Stange 2011; Rözer et al. 2017). Zudem nimmt mit der verbesserten Datenverfügbarkeit die Forschung und das Wissen über Länderunterschiede in Partnerschafts- und Familiendynamiken zu (z. B. Perelli-Harris et al. 2012). Dem vorliegenden Buch liegt die Überzeugung zugrunde, dass die Datenressourcen auch dafür genutzt werden sollten, die Risiken des Alleinerziehens zu differenzieren und zu kontextualisieren. Allerdings bleibt in den meisten der besprochenen Datensätze das Problem der kleinen Fallzahlen bestehen, was die Möglichkeit der Analyse von Heterogenität einschränkt.

7.3 Unterstützungspotenzial

Der dritte Grund, aus dem die Betrachtung des Alleinerziehens als homogener Familientypus zunehmend zu kurz greift, ist die Notwendigkeit, die Lebensbedingungen der wachsenden Gruppe Alleinerziehender besser einschätzen zu können, um Unterstützungsstrategien effektiver zu gestalten. Sozial- und familienpolitische Akteure in Deutschland zeigen seit einigen Jahren ein verstärktes Interesse an der Lebensform Alleinerziehen. Dies ist zum einen daran zu erkennen, dass die Bundesregierung seit Anfang der 2000er Jahre zahlreiche Auftragspublikationen veröffentlicht hat, die sich der Beschreibung der Lebensform widmen (Schneider et al. 2001; Ott et al. 2003, 2012; BMFSFJ 2008; Heimer et al. 2009; BMAS 2011; Jaehrling et al. 2012). Zum anderen wurde durch das Bundesministerium für Arbeit und Soziales, das Bundesministerium für Familie, Senioren, Frauen und Jugend und der Bundesagentur für Arbeit 2009 die Initiative „Perspektiven für Alleinerziehende" ins Leben gerufen, aus der zwischen 2009 und 2013 einige sozialpolitische Pilot-Projekte entstanden, die teilweise in die Praxis der Verwaltungsstellen integriert werden konnten (z. B. gsub und SÖSTRA 2013). Mit der Initiative wollte die Bundesregierung auf bestimmte Problemlagen von Alleinerziehenden eingehen und diesen mit sozialpolitischen Maßnahmen begegnen (Zagel 2015). Wenngleich es nicht unwahrscheinlich ist, dass sich einige der sozialpolitischen Unterstützungsprogramme positiv auf die Erwerbssituation Alleinerziehender ausgewirkt haben, gibt es bei der Evaluation der Unterstützungsbedarfe noch Spielraum. Die im Vorfeld entstandenen Forschungsberichte beruhen überwiegend auf der Grundlage hochwertiger Längsschnittdaten und stellen oft das Alleinerziehen als dynamische Lebensform dar. Ein Nachteil der Forschungsberichte, der in der Natur von Regierungsberichten liegt, ist die meist fehlende Rückkopplung an übergeordnete theoretische Ideen. Für die Formulierung von Erwartungen darüber, wie das Wohlbefinden Alleinerziehender beeinflusst werden könnte, erscheint es hier sinnvoll, eine genauere Vorstellung davon zu entwickeln, mit welchen kontextspezifischen Risiken die Lebensform verbunden ist.

Ein nicht unerheblicher Umstand für die 2009 in Deutschland gestartete Regierungsinitiative ist, dass Alleinerziehende im Vergleich zu anderen Haushalten ein vierfach erhöhtes Risiko haben, Sozialtransfers zu beziehen (Achatz et al. 2013). Dies ist der Fall, obgleich unter alleinerziehenden Müttern in Deutschland insgesamt die Erwerbsorientierung stärker ist als bei Müttern in Partnerschaft (Achatz et al. 2013). Die innerhalb der Initiative angestoßenen sozialpolitischen Maßnahmen waren denn auch in erster Linie daran orientiert, Alleinerziehenden den (Wieder-)Einstieg in den Arbeitsmarkt zu ermöglichen. Solche Aktivierungsstrategien haben für die Einkommenssituation Alleinerziehender allerdings nicht immer die gewünschten positiven Auswirkungen (Millar 2008; Jaehrling et al. 2014). Häufig scheinen die Einkommen aus den Beschäftigungen, zu denen Alleinerziehende Zugang haben, für den Lebensunterhalt ihrer Familie nur eben knapp auszureichen. Jaehrling et al. (2014) finden, dass sich Erwerbsarbeit und Armutsverringerung in Deutschland, Frankreich, Großbritannien und Schweden seit den 1990er Jahren entkoppelt haben. Sie erklären diesen Befund mit ökonomischen Entwicklungen wie sinkenden Markteinkommen und sinkenden Sozialtransfers sowie der verschlechterten relativen Einkommenssituation Alleinerziehender. Während diese Erklärungen in der eingenommenen ländervergleichenden Trendperspektive plausibel erscheinen, schließen sich im Kontext dieses Buches zwei Fragen an. Erstens bleibt offen, welche Rolle die möglicherweise veränderte soziale Komposition der Alleinerziehenden für diese Entwicklung in den unterschiedlichen Ländern hat. Das demografische Profil der ‚Gruppe' Alleinerziehender könnte sich beispielsweise zum Nachteil der erzielbaren Einkommen entwickelt haben. Zweitens ist daran anschließend anzunehmen, dass die verglichenen Länder sich in der familienpolitischen Unterstützung der Alleinerziehenden in unterschiedlichen Lebenslaufkontexten unterscheiden. Während ein Anstieg der Alleinerziehenden mit kleinen Kindern in Frankreich und Schweden aufgrund der vorteilhaften Kinderbetreuungssituation wahrscheinlich keinen Unterschied machen würde, könnte sich ein solcher in Deutschland und Großbritannien anders bemerkbar machen. Wo Alleinerziehende aufgrund mangelnden Kinderbetreuungsangebots einer Erwerbsarbeit mit langen oder flexiblen Arbeitszeiten nicht nachgehen können, sind ihre Möglichkeiten der beruflichen Karriere in hoch bezahlten Jobs eingeschränkt.

Das Beispiel veranschaulicht, dass unser bisheriges Verständnis der Auswirkungen von makrostrukturellen Kontexten auf die Lebenssituation Alleinerziehender überwiegend auf der Annahme von Alleinerziehenden als vermeintlich homogenen Familientypus beruht. Prinzipiell zeigen international vergleichende Studien, dass Alleinerziehende gegenüber Eltern in Partnerschaft in Ländern mit vergleichsweise großzügigen sozial- und familienpolitischen Leistungen weniger benachteiligt sind. Es ist zum Beispiel weithin bekannt, dass Alleinerziehende in den meisten Ländern durchschnittlich stärker von Armut betroffen sind als Eltern in Partnerschaft. Gut ausgebaute Familienpolitik, insbesondere der Zugang zu Kinderbetreuung und dessen flexible Nutzungszeiten sowie Elterngeldregelungen und soziale Transfers für Familien, gelten als zentrale Unterstützungsressourcen für die Gruppe Alleinerziehender. Ob die Leistungen aber tatsächlich die Lebensbedingungen aller Alleinerziehender nachhaltig verbessern, oder insbesondere die Position bestimmter Alleinerziehender wird selten hinterfragt. Der in diesem Buch vorgeschlagene Ansatz, Risiken des Alleinerziehens theoretisch enger mit der Absicherung durch spezifische sozialpolitische Regelungen zu verknüpfen, ist für ein tieferes Verständnis der Lebensbedingungen Alleinerziehender und ehemals Alleinerziehender grundlegend. Es ist damit der Apell verbunden, über grobe Annahmen zu wohlfahrtsstaatlichen Kontexten hinaus zu gehen und dazu Überlegungen anzustellen, ob und inwiefern Sozialsysteme zum Beispiel die Auswirkungen von Trennungen nicht ehelicher Lebensgemeinschaften und die von außerpartnerschaftlicher Mutterschaft gleichermaßen moderieren, oder inwiefern Maßnahmen Alleinerziehende mit Kindern unterschiedlichen Alters gleichermaßen betreffen.

7.4 Schlussbemerkung und Ausblick

Dieses Buch hatte zum Ziel, einen analytischen Rahmen zu entwerfen, mit dem die hohe und wachsende Heterogenität der Wirklichkeiten des Alleinerziehens konzeptualisiert und quantitativ untersucht werden können. Dies ist Voraussetzung dafür, die Auswirkungen bestimmter Ereigniskonstellationen in Elternschaft und Partnerschaft in Verbindung mit ihrem Timing im Lebensverlauf empirisch zu erfassen und politische Unterstützungsbedarfe entsprechend zu definieren. Eine der zentralen Annahmen ist, dass sich die Auswirkungen des Alleinerziehens je nach individuellem Lebensverlaufkontext und institutionellen und sozialkulturellem Kontext unterscheiden können. Der vorgeschlagene Ansatz geht über bisherige Ansätze hinaus, indem er die Erkenntnisse unterschiedlicher Forschungsfelder zusammenführt. Der Lebensverlaufsoziologie fehlt zuweilen die theoretische Konkretisierung der Zusammenhänge zwischen Individualebene und Makrokontext. In der Wohlfahrtsstaatsforschung werden auf der anderen Seite Risiken selten im Lebenslaufkontext betrachtet. Die Integration der beiden Perspektiven ermöglicht im Fall des Alleinerziehens eine differenzierte Betrachtung der Lebenslagen unter Berücksichtigung von makrostrukturellen Kontexten.

Die empirischen Beispiele, die in Kap. 5 und 6 untersucht wurden, haben einige der zuvor ausgeführten konzeptuellen Dimensionen operationalisiert. Kap. 5 zeigte den Zusammenhang zwischen Timing des Alleinerziehens und Einkommen im Kontext von unterschiedlichen Elterngeldregelungen in Deutschland. Es wurde deutlich, dass die Auswirkungen familienpolitischer Reformen sich innerhalb der Gruppe vermeintlicher Leistungsempfängerinnen je nach Timing des Alleinerziehens im Lebensverlauf unterschieden. Während dies für die kontextspezifischen Risiken des Alleinerziehens sensibilisiert, sind die Ergebnisse aus Kap. 6 weniger eindeutig. Hier wurde die soziale Integration von Alleinerziehenden mit unterschiedlichem Familienstand und in den soziokulturellen Kontexten von Ost- und Westdeutschland untersucht. Die Analyse gab Hinweise darauf, dass sich die soziale Integration zwischen Alleinerziehenden mit unterschiedlichem rechtlichen Familienstand unterscheidet. Obgleich ledige Alleinerziehende etwas besser sozial eingebunden zu sein scheinen, sind die Muster schwer generalisierbar. Zweierlei Erkenntnisse sind in den Ergebnissen aus dem zweiten empirischen Beispielfall angelegt. Einerseits handelt es sich bei der sozialen Integration Alleinerziehender um ein bisher wenig untersuchtes Feld mit großem Potenzial für deskriptive und erklärende Forschung. Zum anderen ist die Analyse möglicher Unterschiede in der sozialen Integration zwischen Alleinerziehenden auf detaillierte Daten angewiesen. Ein wichtiger Aspekt, der in der vorliegenden beispielhaften Untersuchung nicht berücksichtigt werden konnte ist die tatsächliche Unterstützung, die Alleinerziehende erhalten.

Neben der Verwendung anderer Datensätze und weiterer Indikatoren ist die Ausdehnung der in diesem Buch eingeführten Perspektive auf andere Lebensbereiche der Alleinerziehenden denkbar, wie beispielsweise Gesundheit oder Erwerbsarbeit. Die oben angesprochenen Datensätze pairfam und AID:A eignen sich potenziell, um soziale Integration und Unterstützung Alleinerziehender genauer zu untersuchen. Hier ist jedoch die Frage, inwiefern die Fallzahlen zu Alleinerziehenden ausreichen, um weiterführende statistische Analysen von Subgruppen Alleinerziehender durchzuführen. Der SHARE Datensatz könnte herangezogen werden, um mögliche zeitliche Veränderung der Integration Alleinerziehender über den Familienverlauf im Ländervergleich darzustellen. Über die Auswirkungen des Alleinerziehens heute könnte damit weniger erfahren werden. Allerdings scheint der Ansatz, je nach Lebensverlaufskontext von unterschiedlichen Risikotypen auszugehen, auch über den Fall des Alleinerziehens hinweg eine fruchtbare Perspektive darzustellen. Ein Beispiel ist die Phase des Übergangs in die Elternschaft, die oft als ein zentraler Statuswechsel im Lebensverlauf konzeptualisiert wird. Perelli-Harris et al. (2012) zeigen beispielsweise, dass sich die Muster von nicht ehelicher Lebensgemeinschaft und Eheschließung in der Phase

7.4 Schlussbemerkung und Ausblick

des Übergangs in die Elternschaft stark zwischen Ländern unterscheiden. Dies lässt auf unterschiedliche Risikokonstellationen in den Ländern schließen. Ausgehend von den in diesem Buch vorgestellten Argumenten wäre es hier neben der Differenzierung von Partnerschaftstypen entscheidend, zwischen Elternschaftstypen zu unterscheiden. Von diesen Statuskonstellationen ließen sich unterschiedliche institutionelle Absicherungsprofile in den Ländern ableiten und Erwartungen zu heterogenen Auswirkungen formulieren. Ein anderes Beispiel ist der Eintritt in den Ruhestand, der für Personen mit unterschiedlicher Familienbiografie verschiedene Risiken mit sich bringen kann. Diese Perspektive ist teilweise in der Arbeit von Scherger und anderen (Hagemann und Scherger 2016; Hokema und Scherger 2016; Lux und Scherger 2017) angelegt, die sich mit der Erwerbsarbeit älterer Personen beschäftigt haben. Die Studie von Hokema und Scherger (2016) untersucht beispielsweise die heterogenen Gründe, auch nach dem Renteneintritt erwerbstätig zu sein, und finden Hinweise auf Unterschiede zwischen geschiedenen, verwitweten und verheiraten Frauen. Die Ergebnisse weisen darauf hin, dass es sinnvoll ist, zwischen unterschiedlichen Risiken im Rentenalter zu unterscheiden. Es scheinen Stratifizierungsmechanismen über die Rentensysteme hinaus zu bestehen, die nur mit einer differenzierten Analyse der Risikotypen in der Statuspassage Übergang in den Ruhestand erfasst werden können.

Die Unterscheidung von Risikotypen auf Basis von Partnerschaft, Elternschaft und Timing im Lebensverlauf, anhand derer die spezifische institutionelle Absicherung konzeptualisiert und theoretische Erwartungen bezüglich der jeweiligen Auswirkungen auf die soziale Position der Individuen abgeleitet werden können, ist also universeller anwendbar, als nur auf den in diesem Buch dargestellten Fall des Alleinerziehens. Für die Analyse des Alleinerziehens konnte gezeigt werden, dass der Ansatz neue Erkenntnisse über das Zusammenspiel von Lebensverlauf- und Makrokontexten hervorbringen kann. Das Buch zeigt eine Möglichkeit auf, die Entstehung von Ungleichheiten als Folge der Interdependenzen zwischen individueller und institutioneller Ebene zu untersuchen und leistet damit einen Beitrag zur theoretischen Entwicklung der Familien- und Lebenslaufsoziologie (vgl. Mayer 1998, 2009; Diewald 2013). Für die Weiterentwicklung des vorgestellten Ansatzes und die Integration in lebensverlaufstheoretische Modelle ist es notwendig, weitere Fragestellungen anhand von anderen Datensätzen zu untersuchen. Diese Perspektive ist vielversprechend, die bestehende Lücke zwischen Theorie und empirischer Forschung in Bezug auf individuelle Verläufe und wohlfahrtsstaatliche Kontexte zu schließen, und in der Sozialpolitik in Zukunft die Sensibilität für Lebensverlaufsdynamiken zu schärfen.

Anhang

Tab. A.1 Veränderung der relativen Einkommensposition bei Übergang ins Alleinerziehen vor und nach der Elternzeit- und Elterngeldreform (Fixed-Effects Regressionen)

Relative logarithmierte Einkommensposition	Vor Reform (1992–2006), Kinder 0–2 J.			Nach Reform (2007–2013), Kinder 0–2 J		
	Beta		SE	Beta		SE
Alleinerziehend (Referenz: in Partnerschaft)	−0,078	***	0,002	−0,064	***	0,004
Anzahl der Kinder	0,009	***	0,001	0,008	***	0,001
Bildungsniveau der Mutter (Referenz: geringer als Abitur/Lehre)						
Abitur oder Lehre	0,000		0,003	0,007		0,016
Höher als Abitur/Lehre	0,008	*	0,004	0,045	**	0,017
Erwerbstätig (Referenz: Nicht erwerbstätig)	0,010	***	0,001	0,006	***	0,001
Wohnort (Referenz: Westdeutschland)	−0,006		0,005	0,001		0,008
Konstante	0,972	***	0,002	0,957	***	0,013
Within-R^2	0,233			0,187		
Between-R^2	0,353			0,320		
Overall-R^2	0,314			0,295		
Rho	0,731			0,779		
N (Personen)	2780			1799		
n (Personenjahre)	7982			3514		

(Fortsetzung)

Tab. A.1 (Fortsetzung)

Relative logarithmierte Einkommensposition	Vor Reform (1992–2006), Kinder >2 J.			Nach Reform (2007–2013), Kinder >2 J.		
	Beta		SE	Beta		SE
Alleinerziehend (Referenz: in Partnerschaft)	−0,072	***	0,001	−0,060	***	0,001
Anzahl der Kinder	0,009	***	0,001	0,017	***	0,002
Bildungsniveau der Mutter (Referenz: geringer als Abitur/Lehre)						
Abitur oder Lehre	0,001		0,001	0,021		0,006
Höher als Abitur/Lehre	0,007	***	0,001	0,023	**	0,007
Erwerbstätig (Referenz: Nicht erwerbstätig)	0,012	***	0,000	0,011	***	0,001
Wohnort (Referenz: Westdeutschland)	−0,009		0,002	−0,020		0,005
Konstante	0,983	***	0,002	0,955	***	0,007
Within-R2	0,275			0,208		
Between-R2	0,383			0,385		
Overall-R2	0,354			0,370		
Rho	0,752			0,810		
N (Personen)	5954			5048		
n (Personenjahre)	31.729			15.135		

Anhang

Tab. A.2 Relative logarithmierte Einkommensposition nach Familienstand während des Alleinerziehens

Relative logarithmierte Einkommensposition	Beta		SE
Familienstand (Referenz: ledig)			
Geschieden	−0,002		0,002
Verwitwet	0,017	***	0,003
Anzahl der Kinder	0,009	***	0,001
Alter des jüngsten Kindes	0,001	***	0,000
Alter der Mutter	0,001	***	0,000
Bildungsniveau der Mutter (Referenz: geringer als Abitur/Lehre)			
Abitur oder Lehre	0,008	***	0,001
Höher als Abitur/Lehre	0,032	***	0,002
Erwerbstätig (Referenz: Nicht erwerbstätig)	0,030	***	0,001
Wohnort (Referenz: Westdeutschland)	−0,002		0,001
Periode nach Reform (Referenz: vor Reform)	0,005	**	0,002
Familienstand*Periode			
Geschieden*Nach Reform	0,002		0,002
Verwitwet*Nach Reform	−0,010	*	0,005
Konstante	0,838	***	0,003
R^2	0,260		
n (Personenjahre)	6975		

Anmerkungen: SOEP (v30); OLS Regression

Tab. A.3 Lineare Regression der Kontakthäufigkeit mit Familienangehörigen vor und nach dem Übergang ins Alleinerziehen

	Beta		SE
Alter des jüngsten Kindes (Referenz: 13–18 Jahre)			
0–2 Jahre	0,18	**	0,08
3–6 Jahre	0,16	**	0,06
7–12 Jahre	0,11	**	0,05
Bildungsniveau der Mutter (Referenz: geringer als Abitur/Lehre)			
Abitur oder Lehre	0,11		0,07
Höher als Abitur/Lehre	0,20	***	0,06
Erwerbstätig (Referenz: Nicht erwerbstätig)	−0,05		0,05
HH-Nettoeinkommen (log)	0,02		0,04
Alter der Mutter	−0,01	***	0,00
Alleinerziehenden-Kohorte (Referenz: 2000er Jahre)			
Alleinerziehend 1980er Jahre	−0,18		0,09
Alleinerziehend 1990er Jahre	−0,04		0,06
Zeitpunkt t (Referenz: Zwei Messzeitpunkte vor Übergang (−2))			
Ein Messzeitpunkt vor Übergang (−1)	−0,03		0,07
Übergang ins Alleinerziehen (0)	−0,02		0,08
Ein Messzeitpunkt nach Übergang (1)	0,08		0,09
Zwei Messzeitpunkte nach Übergang (2)	0,00		0,10
Wohnort (Referenz: Westdeutschland)			
Ostdeutschland	−0,20		0,13
Interaktionsterm Messzeitpunkt*Wohnort			
t−1*Ostdeutschland	0,19		0,13
t0*Ostdeutschland	0,36	**	0,14
t1*Ostdeutschland	0,24		0,15
t2*Ostdeutschland	0,35	**	0,16
Konstante	3,55	***	0,41
N (Personen)	1140		
n (Personenjahre)	2894		
R^2	0,04		

Anhang

Tab. A.4 Lineare Regression der Kontakthäufigkeit mit Freunden und Bekannten vor und nach dem Übergang ins Alleinerziehen

	Beta		SE
Alter des jüngsten Kindes (Referenz: 13–18 Jahre)			
0–2 Jahre	0,08		0,05
3–6 Jahre	0,09		0,05
7–12 Jahre	0,03		0,04
Bildungsniveau der Mutter (Referenz: geringer als Abitur/Lehre)			
Abitur oder Lehre	−0,09		0,05
Höher als Abitur/Lehre	−0,04		0,05
Erwerbstätig (Referenz: Nicht erwerbstätig)	−0,05		0,04
HH-Nettoeinkommen (log)	0,05	***	0,04
Alter der Mutter	−0,02		0,00
Alleinerziehenden-Kohorte (Referenz: 2000er Jahre)			0,03
Alleinerziehend 1980er Jahre	0,06		0,05
Alleinerziehend 1990er Jahre	0,10		
Zeitpunkt t (Referenz: Zwei Messzeitpunkte vor Übergang (−2))			
Ein Messzeitpunkt vor Übergang (−1)	0,04		0,05
Übergang ins Alleinerziehen (0)	0,09		0,07
Ein Messzeitpunkt nach Übergang (1)	−0,03		0,03
Zwei Messzeitpunkte nach Übergang (2)	−0,09		0,09
Wohnort (Referenz: Westdeutschland)			
Ostdeutschland	−0,07		0,12
Interaktionsterm Messzeitpunkt*Wohnort			
t−1*Ostdeutschland	−0,25		0,13
t0*Ostdeutschland	−0,13		0,13
t1*Ostdeutschland	−0,12		0,14
t2*Ostdeutschland	−0,07		0,15
Konstante	3,53	***	0,37
N (Personen)	1140		
n (Personenjahre)	2894		
R2	0,05		

Tab. A.5 Fixed-Effects Regressionen der Kontakthäufigkeit mit Familienangehörigen und Freunden und Bekannten in Ost- und Westdeutschland

Kontakthäufigkeit mit Familienangehörigen	Ost			West		
	Beta		SE	Beta		SE
Alleinerziehend (Referenz: in Partnerschaft)	0,00		0,06	−0,13	***	0,04
Alter des jüngsten Kindes (Referenz: 13–18 Jahre)						
0–2 Jahre	0,24	***	0,06	0,18	***	0,03
3–6 Jahre	0,09		0,05	0,09	***	0,02
7–12 Jahre	−0,02		0,04	0,01		0,02
Bildungsniveau der Mutter (Referenz: geringer als Abitur/Lehre)						
Abitur oder Lehre	−0,01		0,06	0,05		0,04
Höher als Abitur/Lehre	−0,06		0,05	0,03		0,04
Erwerbstätig (Referenz: Nicht erwerbstätig)	0,04		0,04	−0,04		0,02
HH-Nettoeinkommen (log)	0,04	***	0,00	−0,08	***	0,02
Alter der Mutter	0,00		0,00	0,00		0,00
Konstante	4,72	***	0,36	4,21	***	0,18
Within-R2	0,01			0,0124		
Between-R2	0,02			0,0209		
Overall-R2	0,02			0,0217		
Rho	0,56			0,59		
N (Personen)	10.033					
n (Personenjahre)	22.351					

(Fortsetzung)

Tab. A.5 (Fortsetzung)

Kontakthäufigkeit mit Freunden und Bekannten	Ost			West		
	Beta		SE	Beta		SE
Alleinerziehend (Referenz: in Partnerschaft)	−0,01		0,06	0,02		0,03
Alter des jüngsten Kindes (Referenz: 13–18 Jahre)						
0–2 Jahre	0,01		0,05	0,01		0,02
3–6 Jahre	−0,03		0,04	0,05	**	0,02
7–12 Jahre	−0,06		0,03	0,00		0,02
Bildungsniveau der Mutter (Referenz: geringer als Abitur/Lehre)						
Abitur oder Lehre	−0,10		0,06	0,08	**	0,04
Höher als Abitur/Lehre	−0,02		0,05	0,04		0,03
Erwerbstätig (Referenz: Nicht erwerbstätig)	−0,11		0,03	−0,07		0,02
HH-Nettoeinkommen (log)	−0,03		0,04	−0,04	**	0,02
Alter der Mutter	−0,01	***	0,00	−0,02	***	0,00
Konstante	4,74	***	0,34	4,67	***	0,16
Within-R2	0,0172			0,0316		
Between-R2	0,0935			0,0506		
Overall-R2	0,0611			0,0432		
Rho	0,56			0,54		
N (Personen)	10.033					
n (Personenjahre)	22.351					

Tab. A.6 Kontakthäufigkeit mit Familienangehörigen nach Familienstand in Ost- und Westdeutschland

Kontakthäufigkeit mit Familienangehörigen	Beta		SE
Alter des jüngsten Kindes (Referenz: 13–18 Jahre)			
0–2 Jahre	0,24		0,14
3–6 Jahre	0,24	*	0,12
7–12 Jahre	0,30	***	0,08
Bildungsniveau der Mutter (Referenz: geringer als Abitur/Lehre)			
Abitur oder Lehre	0,22	**	0,09
Höher als Abitur/Lehre	−0,02		0,12
Erwerbstätig (Referenz: Nicht erwerbstätig)	0,00		0,09
HH-Nettoeinkommen (log)	−0,02		0,08
Alter der Mutter	−0,01	*	0,01
Alleinerziehenden-Kohorte (Referenz: 2000er Jahre)			
Alleinerziehend 1980er Jahre	−0,12		0,14
Alleinerziehend 1990er Jahre	0,06		0,09
Familienstand			
Geschieden	−0,20		0,10
Verwitwet	−0,15		0,15
Wohnort (Referenz: Westdeutschland)			
Ostdeutschland	0,06		0,12
Interaktionsterm Familienstand*Wohnort			
Geschieden*Ostdeutschland	0,05		0,16
Verwitwet*Ostdeutschland	0,23		0,20
Konstante	3,87	***	
N (Personen)	750		
n (Personenjahre)	1035		
R2	0,07		

Anmerkungen: SOEP (v30); OLS-Regression

Anhang

Tab. A.7 Kontakthäufigkeit mit Freunden nach Familienstand in Ost- und Westdeutschland

Kontakthäufigkeit mit Freunden und Bekannten	Beta		SE
Alter des jüngsten Kindes (Referenz: 13–18 Jahre)			
0–2 Jahre	0,26	*	0,12
3–6 Jahre	0,16		0,95
7–12 Jahre	0,15	**	0,07
Bildungsniveau der Mutter (Referenz: geringer als Abitur/Lehre)			
Abitur oder Lehre	0,12		0,08
Höher als Abitur/Lehre	0,07		0,11
Erwerbstätig (Referenz: Nicht erwerbstätig)	−0,12		0,08
HH-Nettoeinkommen (log)	0,10		0,07
Alter der Mutter	−0,01		0,01
Alleinerziehenden-Kohorte (Referenz: 2000er Jahre)			
Alleinerziehend 1980er Jahre	0,07		0,11
Alleinerziehend 1990er Jahre	0,24	**	0,08
Familienstand			
Geschieden	−0,13		0,09
Verwitwet	−0,16		0,14
Wohnort (Referenz: Westdeutschland)			
Ostdeutschland	−0,19		0,11
Interaktionsterm Familienstand*Wohnort			
Geschieden*Ostdeutschland	−0,07		0,15
Verwitwet*Ostdeutschland	−0,21		0,28
Konstante	2,82	***	0,64
N (Personen)	750		
n (Personenjahre)	1035		
R^2	0,06		

Anmerkungen: SOEP (v30); OLS-Regression

Literatur

Achatz, Juliane, Andreas Hirseland, Torsten Lietzmann, und Cordula Zabel. 2013. *Alleinerziehende Mütter im Bereich des SGB II eine Synopse empirischer Befunde aus der IAB-Forschung*. Nürnberg: IAB.
Aisenbrey, Silke, und Anette Fasang. 2017. The interplay of work and family trajectories over the life course: Germany and the United States in comparison. *American Journal of Sociology* 122:1448–1484.
Allison, Paul David. 2009. *Fixed effects regression models*. Los Angeles: Sage.
Amato, Paul R. 2000. The consequences of divorce for adults and children. *Journal of Marriage and Family* 62:1269–1287.
Amato, Paul R. 2001. Children of divorce in the 1990s: An update of the Amato and Keith (1991) meta-analysis. *Journal of Family Psychology* 15:355–370.
Amato, Paul R. 2002. Good enough marriages: Parental discord, divorce, and children's well-being. *Virginia Journal of Social Policy & the Law* 9:71–94.
Amato, Paul R. 2005. The impact of family formation change on the cognitive, social, and emotional well-being of the next generation. *Future of Children* 15:75–96.
Amato, Paul R. 2010. Research on divorce: Continuing trends and new developments. *Journal of Marriage and Family* 72:650–666.
Andreß, Hans-Jürgen, Gero Lipsmeier, und Kurt Salentin. 1995. Soziale Isolation und mangelnde soziale Unterstützung im unteren Einkommensbereich? *Zeitschrift für Soziologie* 24:300–315.
Arbeitsstelle Kinder- und Jugendhilfestatistik. 2005. Im Überblick: Die Entwicklung der Adoptionszahlen in Deutschland. Dortmund: Universität Dortmund. http://www.akjstat.tu-dortmund.de/fileadmin/Analysen/Adoption/adop.pdf.
Barry, Brian. 1990. The welfare state versus the relief of poverty. *Ethics* 100:503–529.
Bastin, Sonja. 2012. Dynamik alleinerziehender Mutterschaft. Partnerschaften in der frühen Elternbiografie. In *Familie und Partnerschaft in Ost- und Westdeutschland: ähnlich und doch immer noch anders*, Hrsg. Johannes Huinink, Michaela Kreyenfeld, und Heike Trappe. Opladen: Budrich.
Bastin, Sonja. 2016. *Partnerschaftsverläufe alleinerziehender Mütter – Eine quantitative Untersuchung auf Basis des Beziehungs- und Familienpanels*. Berlin: Springer.

Bastin, Sonja, Michaela Kreyenfeld, und Christine Schnor. 2012. *Diversität von Familienformen in Ost- und Westdeutschland*. Rostock: Max-Planck-Inst. für Demografische Forschung.

Beck, Ulrich, und Elisabeth Beck-Gernsheim. 2001. *Individualization: IInstitutionalized individualism and its social and political consequences*. London: Sage.

Beck-Gernsheim, Elisabeth. 2002. *Reinventing the family: In search of new lifestyles*. Malden Mass.: Polity Press.

Belsky, Jay, und Michael Rovine. 1990. Patterns of marital change across the transition to parenthood: Pregnancy to three years postpartum. *Journal of Marriage and Family* 52:5–19.

Berkman, Lisa F., et al. 2015. Mothering alone: Cross-national comparisons of later-life disability and health among women who were single mothers. *Journal of Epidemiology and Community Health* 69:865–872.

Bernardi, Laura, und Dimitri Mortelmans, Hrsg. 2017. Introduction. In *Lone parenthood in the life course*. New York: Springer.

Bernardi, Laura, und Dimitri Mortelmans, Hrsg. 2017. *Lone parenthood in the life course*. New York: Springer.

Bernardi, Laura, Sylvia Keim, und Holger von der Lippe. 2007. Social influences on fertility a comparative mixed methods study in Eastern and Western Germany. *Journal of Mixed Methods Research* 1:23–47.

Bernardi, Laura, Andreas Klärner, und Holger von der Lippe. 2008. Job insecurity and the timing of parenthood: A comparison between Eastern and Western Germany. *European Journal of Population/Revue européenne de Démographie* 24:287–313.

Biblarz, Timothy J., und Greg Gottainer. 2000. Family structure and children's success: A comparison of widowed and divorced single-mother families. *Journal of Marriage and the Family* 62:533–548.

BMAS. 2011. *Alleinerziehende unterstützen – Fachkräfte gewinnen*. Berlin: Bundesministerium für Arbeit und Soziales. http://www.bmas.de. Zugegriffen: 7. Febr. 2012.

BMFSFJ. 2008. Alleinerziehende in Deutschland – Potenziale, Lebenssituationen und Unterstützungsbedarfe. http://www.bmfsfj.de/bmfsfj/generator/BMFSFJ/familie,did=116710.html. Zugegriffen: 25. Mai 2010.

BMFSFJ. 2011. Lebenswelten und -wirklichkeiten von Alleinerziehenden. Forschungsbericht.

Bonoli, Giuliano. 2005. The politics of the new social policies: Providing coverage against new social risks in mature welfare states. *Policy & Politics* 33:431–449.

Bonoli, Giuliano. 2007. Time matters. Postindustrialization, new social risks, and welfare state adaptation in advanced industrial democracies. *Comparative Political Studies* 40:495–520.

Brady, David, und Rebekah Burroway. 2012. Targeting, universalism, and single-mother poverty: A multilevel analysis across 18 affluent democracies. *Demography* 49:719–746.

Brückner, Hannah, und Karl Ulrich Mayer. 2005. De-Standardization of the life course: What it might mean? And if it means anything, whether it actually took place? *Advances in Life Course Research* 9:27–53.

Bryan, Mark L., und Stephen P. Jenkins. 2016. Multilevel modelling of country effects: A cautionary tale. *European Sociological Review* 32:3–22.

Bryson, Ken, Lynne M. Casper, und United States Bureau of the Census. 1999. Coresident grandparents and grandchildren. Census Bureau.

Büchel, Felix, und C. Katharina Spieß. 2002. Kindertageseinrichtungen und Müttererwerbstätigkeit – Neue Ergebnisse zu einem bekannten Zusammenhang. *Vierteljahrshefte zur Wirtschaftsforschung* 71:95–113.

Buchmann, Marlis C., und Irene Kriesi. 2011. Transition to adulthood in Europe. *Annual Review of Sociology* 37:481–503.

Bujard, Martin, und Jasmin Passet. 2013. Wirkungen des Elterngelds auf Einkommen und Fertilität. *ZfF – Zeitschrift für Familienforschung/Journal of Family Research* 25 (2): 212–237.

Carlson, Marcia, und Paula England. 2011. *Social class and changing families in an unequal America*. Stanford: Stanford University Press.

Chambaz, Christine. 2001. Lone-parent families in Europe: A variety of economic and social circumstances. *Social Policy & Administration* 35:658–671.

Chzhen, Yekaterina, und Jonathan Bradshaw. 2012. Lone parents, poverty and policy in the European Union. *Journal of European Social Policy* 22:487–506.

Ciccia, Rossella, und Mieke Verloo. 2012. Parental leave regulations and the persistence of the male breadwinner model: Using fuzzy-set ideal type analysis to assess gender equality in an enlarged Europe. *Journal of European Social Policy* 22:507–528.

Clasen, Jochen, und Daniel Clegg. 2011. Unemployment protection and labour market change in Europe: Towards „Triple Integration"? In *Regulating the risk of unemployment: National adaptations to post-industrial labour markets in Europe*, Hrsg. Jochen Clasen und Daniel Clegg. Oxford: Oxford University Press.

Clasen, Jochen, und Nico Siegel, Hrsg. 2007. *Investigating welfare state change: The „dependent variable problem" in comparative analysis*. Cheltenham: Elgar.

Cohen, Philip. 2015. *The family: Diversity, inequality, and social change*. New York: WW Norton.

Conway, Ellie. 2010. Poor cows or dangerous beasts? The representation of „Underclass" women in broadsheet newspapers: Media portrayels, political identity and policy. Paper Presented at the Social Policy Association Conference, Lincoln.

Cook, Kay, Elise Davis, Paul Smyth, und Hayley McKenzie. 2009. The quality of life of single mothers making the transition from welfare to work. *Women & Health* 49:475–490.

Cornwell, Benjamin, Edward O. Laumann, und L. Philip Schumm. 2008. The social connectedness of older adults: A national profile. *American Sociological Review* 73:185–203.

Craig, Lyn, und Killian Mullan. 2011. How mothers and fathers share childcare a cross-national time-use comparison. *American Sociological Review* 76:834–861.

Daly, Mary, und Katherine Rake. 2003. *Gender and the welfare state*. Oxford: Polity.

Destatis. 2010. *Alleinerziehende in Deutschland. Ergebnisse des Mikrozensus 2009*. Wiesbaden: Statistisches Bundesamt. www.destatis.de.

Destatis. 2016. Datenreport 2016. http://www.destatis.de.

Deutscher Bundestag. 2007. BEEG – Gesetz zum Elterngeld und zur Elternzeit. http://www.gesetze-im-internet.de/beeg/BJNR274810006.html#BJNR274810005BJNG000101119. Zugegriffen: 11. Sept. 2017.

Diekmann, Andreas. 2007. *Empirische Sozialforschung Grundlagen, Methoden, Anwendungen*. Reinbek bei Hamburg: Rowohlt Taschenbuch.

Dienel, Christiane. 1994. The history and political impact of family concepts. In *Conceptualising the family, cross-national research papers*, Hrsg. Linda Hantrais und Marie-Thérèse Letablier, 11–16. Loughborough: Loughborough University.

Diewald, Martin. 2013. Lebensverlauf. In *Handwörterbuch zur Gesellschaft Deutschlands*, Hrsg. Steffen Mau und Nadine M. Schöneck, 552–564. Wiesbaden: Springer Fachmedien.

Drobnič, Sonja. 2000. The effects of children on married and lone mothers' employment in the United States and (West) Germany. *European Sociological Review* 16:137–157.

Dronkers, Jaap. 1994. The changing effects of lone parent families on the educational attainment of their children in a European welfare state. *Sociology* 28:171–191.

Duncan, Simon, und Rosalind Edwards. 1997a. Single mothers – Mothers versus workers or mothers and workers. In *Single mothers in an international context: Mothers or workers?*, Hrsg. Simon Duncan und Rosalind Edwards, 269–275. London: UCL Press.

Duncan, Simon, und Rosalind Edwards, Hrsg. 1997b. *Single mothers in an international context: Mothers or workers?* London: UCL Press.

Edin, Kathryn, und Maria Kefalas. 2005. *Promises i can keep: Why poor women put motherhood before marriage*. Berkeley: University of California Press.

Eichhorst, Werner, und Paul Marx. 2015. *Non-standard employment in post-industrial labour markets: An occupational perspective*. Cheltenham: Elgar.

Elder, Glen H. Jr. 1974. *Children of the great depression: Social change in life experience*. Boulder: Westview Press (25th anniversary Aufl.).

Elder, Glen H. Jr. 1992. Models of the life course. *Contemporary Sociology* 21:632–635.

Elder, Glen H. 1994. Time, human agency, and social change: Perspectives on the life course. *Social Psychology Quarterly* 57:4–15.

Elder, Glen H., Monica Kirkpatrick Johnson, und Robert Crosnoe. 2003. The emergence and development of life course theory. In *Handbook of the Life Course, Handbooks of Sociology and Social Research*, Hrsg. Jeylan T. Mortimer und Michael J. Shanahan, 3–19. New York: Springer US.

Ermisch, John, und Marco Francesconi. 2000. The increasing complexity of family relationships: Lifetime experience of lone motherhood and stepfamilies in Great Britain. *European Journal of Population/Revue européenne de Démographie* 16:235–249.

Esping-Andersen, Gøsta. 1999. *Social foundations of postindustrial economies*. Oxford: Oxford University Press.

EU Commission. 2015. Support for Lone Parents. Summary Report. Paris.

Fasang, Anette Eva. 2015. Intergenerationale Fertilitätstransmission in Ost- und Westdeutschland. *KZfSS Kölner Zeitschrift für Soziologie und Sozialpsychologie* 67:11–40.

Fasang, Anette Eva, und Marcel Raab. 2014. Beyond transmission: Intergenerational patterns of family formation among middle-class American families. *Demography* 51:1703–1728.

Fendrich, Sandra, und Thomass Mühlmann. 2016. Kurzbericht zu aktuellen Entwicklungen der Adoptionen in Deutschland – Datenauswertungen auf der Basis der amtlichen Kinder- und Jugendhilfestatistik für die Jahre 2005 bis 2015. Dortmund: DJI Deutsches Jugendinstitut und TU Dortmund. http://www.akjstat.tu-dortmund.de/fileadmin/Analysen/Adoption/Kurzbericht_Adoptionen_2005-2015_AKJStat.pdf.

Gerlach, Irene. 2009. *Familienpolitik*. Wiesbaden: VS Verlag.

Geyer, Johannes, Haan Peter, C. Katharina Spieß, und Katharina Wrohlich. 2013. Das Elterngeld und seine Wirkungen auf das Haushaltseinkommen junger Familien und die Erwerbstätigkeit von Müttern. *ZfF – Zeitschrift für Familienforschung/Journal of Family Research* 25 (2): 193–211.

Giesselmann, Marco, und Michael Windzio. 2012. *Regressionsmodelle zur Analyse von Paneldaten*. Berlin: Springer VS.

Ginther, Donna K., und Robert A. Pollak. 2004. Family structure and children's educational outcomes: Blended familes, stylized facts, and descriptive regressions. *Demography* 41:671–696.

Gladow, Nancy Wells, und Margaret P. Ray. 1986. The impact of informal support systems on the well being of low income single parents. *Family Relations* 35:113–123.

Glick, Paul C. 1947. The family cycle. *American Sociological Review* 12:164–174.

Goldman, Noreen, Charles F. Westoff, und Charles Hammerslough. 1984. Demography of the marriage market in the United States. *Population Index* 50:5–25.

Gornick, Janet C., und Marcia K. Meyers. 2003. *Families that Work: Policies for reconciling parenthood and employment*. New York: Russell Sage Foundation.

Graham, Susanna. 2012. Choosing single motherhood? Single women negotiating the nuclear family ideal. In *Families: Beyond the nuclear ideal*, Hrsg. Daniela Cutas und Sarah Chan. London: Bloomsbury.

Grätz, Michael. 2015. When growing up without a parent does not hurt: Parental separation and the compensatory effect of social origin. *European Sociological Review* 31:546–557.

Gray, Anne. 2005. The changing availability of grandparents as carers and its implications for childcare policy in the UK. *Journal of Social Policy* 34:557–577.

Gregg, Paul, und Susan Harkness. 2003. Welfare reform and lone parents in the UK. The Centre for Market and Public Organisation Working Paper 03.

gsub, und SÖSTRA. 2013. Entwicklungspartnerschaft „Vereinbarkeit von Familie und Beruf für Alleinerziehende" Abschlussbericht. Berlin: BMFSFJ. https //lokale-buendnisse-fuer-familie.de/fileadmin/lbff/Praxis-Infothek/Entwicklungspartnerschaft__Vereinbarkeit_von_Familie_und_Beruf_fuer_Alleinerziehende__Abschlussbericht.pdf.

Hagemann, Steffen, und Simone Scherger. 2016. Increasing pension age – Inevitable or unfeasible? Analysing the ideas underlying experts' arguments in the UK and Germany. *Journal of Aging Studies* 39:54–65.

Hancioglu, Mine. 2015. Alleinerziehende und Gesundheit. Die Lebensphase „alleinerziehend" und ihr Einfluss auf die Gesundheit. Bochum: Ruhr-Universität Bochum. http://hss-opus.ub.ruhr-uni-bochum.de/opus4/frontdoor/index/index/docId/4445. Zugegriffen: 23. März 2016.

Hancioglu, Mine, und Bastian Hartmann. 2013. What makes single mothers expand or reduce employment? *Journal of Family and Economic Issues* 35:27–39.

Hanel, Barbara, und Regina T. Riphahn. 2012. The employment of mothers – Recent developments and their determinants in East and West Germany. *Jahrbücher für Nationalökonomie und Statistik* 232:146–176.

Hank, Karsten, und Isabella Buber. 2009. Grandparents caring for their grandchildren findings from the 2004 survey of health, ageing, and retirement in Europe. *Journal of Family Issues* 30:53–73.

Hank, Karsten, Michaela Kreyenfeld, und C. Katharina Spieß. 2004. Kinderbetreuung und Fertilität in Deutschland/Child Care and Fertility in Germany. *Zeitschrift für Soziologie* 33:228–244.

Hank, Rainer. 2010. Alleinerziehende Die Hätschelkinder der Nation. FAZ.NET, Januar 24. http://www.faz.net/themenarchiv/wirtschaft/arbeitsmarkt-und-hartz-iv/alleinerziehende-die-haetschelkinder-der-nation-1909446.html. Zugegriffen: 28. Aug. 2012.

Hansen, Kirstine, Denise Hawkes, und Heather Joshi. 2009. The timing of motherhood, mothers' employment and child outcomes. In *Fertility, living arrangements, care and mobility*, Hrsg. Dylan Kneale, Ernestina Coast, und John Stillwell, 59–80. Dordrecht: Springer Netherlands.

Hantrais, Linda. 2004. *Family policy matters: Responding to family change in Europe*. Bristol: Policy Press.

Harkness, Susan. 2015. The effect of employment on the mental health of lone mothers in the UK before and after new labour's welfare reforms. *Social Indicators Research*. https://doi.org/10.1007/s11205-015-1056-9.

Harkness, Susan E. 2016. The effect of motherhood and lone motherhood on the employment and earnings of British women: A lifecycle approach. *European Sociological Review*. https://doi.org/10.1093/esr/jcw042.

Härkönen, Juho, Fabrizio Bernardi, und Diederik Boertien. 2017. Family dynamics and child outcomes: An overview of research and open questions. *European Journal of Population*. https://doi.org/10.1007/s10680-017-9424-6.

Hauser, Richard. 2007. Probleme Des Deutschen Beitrags Zu EU-SILC Aus Der Sicht Der Wissenschaft – Ein Vergleich Von EU-SILC, Mikrozensus Und SOEP. Rochester, NY: Social Science Research Network. http://papers.ssrn.com/abstract=1441868. Zugegriffen: 5. Sept. 2016.

Heimer, A., T. Knittel, und H. Steidle. 2009. Vereinbarkeit von Famile und Beruf für Alleinerziehenden. http://www.bmfsfj.de. Zugegriffen: 29. Jan. 2010.

Helfferich, Cornelia, Anneliese Hendel-Kramer, und Heike Klindworth. 2003. *Gesundheit alleinerziehender Mütter und Väter*. Berlin: Robert-Koch-Institut.

Henninger, Annette, Christine Wimbauer, und Rosine Dombrowski. 2008. Geschlechtergleichheit oder „exklusive Emanzipation"? Ungleichheitssoziologische Implikationen der aktuellen familienpolitischen Reformen. *Berliner Journal für Soziologie* 18:99–128.

Hering, Sabine. 1998. *Makel, Mühsal, Privileg? Eine hundertjährige Geschichte des Alleinerziehens*. Frankfurt a. M.: Dipa-Verl.

Heuveline, Patrick, Jeffrey M. Timberlake, und Frank F. Furstenberg. 2003. Shifting childrearing to single mothers: Results from 17 western countries. *Population and Development Review* 29:47–71.

Hokema, Anna, und Simone Scherger. 2016. Working pensioners in Germany and the UK: Quantitative and qualitative evidence on gender, marital status, and the reasons for working. *Journal of Population Ageing* 9:91–111.

Huber, Martin, Michael Lechner, und Conny Wunsch. 2011. Does leaving welfare improve health? Evidence for Germany. *Health Economics* 20:484–504.

Huinink, Johannes. 2016. Kinderwunsch und Geburtenentwicklung in der Bevölkerungssoziologie. In *Handbuch Bevölkerungssoziologie, Springer NachschlageWissen*, Hrsg. Yasemin Niephaus, Michaela Kreyenfeld, und Reinhold Sackmann, 227–251. Wiesbaden: Springer Fachmedien.

Huinink, Johannes, und Michael Feldhaus. 2009. Family research from the life course perspective. *International Sociology* 24:299–324.

Huinink, Johannes, und Dirk Konietzka. 2007. *Familiensoziologie: eine Einführung*. Frankfurt a. M.: Campus.

Huinink, Johannes, und Michael Wagner. 1998. Individualisierung und die Pluralisierung von Lebensformen. *Die Individualisierungs-These*, 85–106. Wiesbaden: VS Verlag.

Huinink, Johannes, Michaela Kreyenfeld, und Heike Trappe, Hrsg. 2012. *Familie und Partnerschaft in Ost- und Westdeutschland: ähnlich und doch immer noch anders*. Opladen: Budrich.

Hurlbert, Jeanne S., und Alan C. Acock. 1990. The effects of marital status on the form and composition of social networks. *Social Science Quarterly* 71 (1): 163–174.

Iacovou, Maria, Olena Kaminska, und Horacio Levy. 2012. Using EU-SILC data for cross-national analysis: Strengths, problems and recommendations. Institute for Social and Economic Research. http://ideas.repec.org/p/ese/iserwp/2012-03.html. Zugegriffen: 10. Dez. 2012.

Iversen, Torben, und Anne Wren. 1998. Equality, employment, and budgetary restraint: The trilemma of the service economy. *World Politics* 50:507–546.

Jaehrling, Karen, et al. 2012. *Arbeitsmarktintegration und sozio-ökonomische Situation von Alleinerziehenden. Ein empirischer Vergleich: Deutschland, Frankreich, Schweden, Vereinigtes Königreich*. Berlin: BMAS.

Jaehrling, Karen, Thorsten Kalina, und Leila Mesaros. 2014. Mehr Arbeit, mehr Armut? Ausmaß und Hintergründe der Entkoppelung von Erwerbsarbeit und materieller Sicherheit von Alleinerziehenden im Ländervergleich. *KZfSS Kölner Zeitschrift für Soziologie und Sozialpsychologie* 66:343–370.

Jalovaara, Marika, und Anette Eva Fasang. 2015. Are there gender differences in family trajectories by education in Finland? *Demographic Research* 33:1241–1256.

Jenkins, Stephen, und Elizabeth Symons. 2001. Child care costs and lone mothers' employment rates: UK evidence. *The Manchester School* 69:121–147.

Jenson, Jane. 2008. The LEGO paradigm and new social risks: Consequences for children. In *Children, changing families and welfare states*, Hrsg. Jane Lewis. Cheltenham: Elgar.

Johnson, Michael P., und Leigh Leslie. 1982. Couple involvement and network structure: A test of the dyadic withdrawal hypothesis. *Social Psychology Quarterly* 45:34–43.

Kalmijn, Matthijs. 2012. Longitudinal analyses of the effects of age, marriage, and parenthood on social contacts and support. *Advances in Life Course Research* 17:177–190.

Kaufmann, Franz-Xaver. 1982. Elemente einer soziologischen Theorie sozialpolitischer Intervention. In *Staatliche Sozialpolitik und Familie*, Hrsg. Franz-Xaver Kaufmann, 49–86. Munich: Oldenbourg.

Kelly, Joan B. 2007. Children's living arrangements following separation and divorce: Insights from empirical and clinical research. *Family Process* 46:35–52.

Klüsener, Sebastian, und Joshua R. Goldstein. 2016. A long-standing demographic East-West divide in Germany. *Population, Space and Place* 22:5–22.

Kohli, Martin. 1985. Die Institutionalisierung des Lebenslaufs: Historische Befunde und theoretische Argumente. *Kölner Zeitschrift für Soziologie und Sozialpsychologie* 37:1–29.

Kohli, Martin. 2003. Der institutionalisierte Lebenslauf: ein Blick zurück und nach vorn. In *Entstaatlichung und soziale Sicherheit: Verhandlungen des 31. Kongresses der Deutschen Gesellschaft für Soziologie in Leipzig 2002*, Hrsg. Jutta Allmendinger, 525. Leipzig: VS Verlag.

Kollmeyer, Christopher. 2013. Family structure, female employment, and national income inequality: A cross-national study of 16 western countries. *European Sociological Review* 29:816–827.

Konietzka, Dirk. 2010. *Zeiten des Übergangs: Sozialer Wandel des Übergangs in das Erwachsenenalter*. Berlin: Springer.

Konietzka, Dirk, und Johannes Huinink. 2003. Die De-Standardisierung einer Statuspassage? Zum Wandel des Auszugs aus dem Elternhaus und des Übergangs in das Erwachsenenalter in Westdeutschland. *Soziale Welt* 54:285–311.

Konietzka, Dirk, und Michaela Kreyenfeld. 2013. Familie und Lebensformen. In *Handwörterbuch zur Gesellschaft Deutschlands*, Hrsg. Steffen Mau und Nadine Schöneck, 257–271. Wiesbaden: Springer Fachmedien.

Korpi, Walter, und Joakim Palme. 1998. The paradox of redistribution and strategies of equality: Welfare state institutions, inequality, and poverty in the western countries. *American Sociological Review* 63:661–687.

Kraus. 2014. *Wege aus der Armut für Alleinerziehende*. Wiesbaden: Springer Fachmedien.

Kreyenfeld, Michaela, Dirk Konietzka, und Valerie Heintz-Martin. 2016. Private Lebensformen in Ost- und Westdeutschland. In *Handbuch Bevölkerungssoziologie*, Hrsg. Yasemin Niephaus, Michaela Kreyenfeld, und Reinhold Sackmann, 303–325. Wiesbaden: Springer VS.

Krüger, Dorothea, und Christiane Micus. 1999. *Diskriminiert? Privilegiert? Die heterogene Lebenssituation Alleinerziehender im Spiegel neuer Forschungsergebnisse und aktueller Daten*. Bamberg: Staatsinstitut für Familienforschung an der Universität Bamberg.

Lang, Frieder R. 2003. Die Gestaltung und Regulation sozialer Beziehungen im Lebenslauf: Eine entwicklungspsychologische Perspektive. *Berliner Journal für Soziologie* 13:175–195.

Leisering, Lutz. 2003. Government and the life course. In *Handbook of the Life Course, Handbooks of Sociology and Social Research*, Hrsg. Jeylan T. Mortimer und Michael J. Shanahan, 205–225. New York: Springer US.

Leitner, Sigrid. 2003. Varieties of familialism: The caring function of the family in comparative perspective. *European Societies* 5:353–375.

Lessenich, Stephan. 1995. Wohlfahrtsstaatliche Regulierung und die Strukturierung von Lebensläufen: Zur Selektivität sozialpolitischer Interventionen. *Soziale Welt* 46:51–69.

Lévy, René. 1977. *Der Lebenslauf als Statusbiographie: die weibliche Normalbiographie in makrosoziologischer Perspektive*. Stuttgart: Enke.

Lévy, René, und Eric D. Widmer, Hrsg. 2014. *Gendered life courses between standardization and individualization. A European approach applied to Switzerland*. Zurich: Lit.

Lewis, Jane. 1989. Lone parent families: Politics and economics. *Journal of Social Policy* 18:595–600.

Lewis, Jane. 1992. Gender and the development of welfare regimes. *Journal of European Social Policy* 2:159–173.

Lewis, Jane. 1997. Gender and welfare regimes: Further thoughts. *Social Politics: International Studies in Gender, State & Society* 4:160–177.

Lewis, Jane. 2001. The decline of the male breadwinner model: Implications for work and care. *Social Politics* 8:152–169.

Lewis, Jane, und Susanna Giullari. 2005. The adult worker model family, gender equality and care: The search for new policy principles and the possibilities and problems of a capabilities approach. *Economy and Society* 34:76–104.

Lewis, Jane, und Barbara Hobson. 1997. Introduction. In *Lone mothers in European welfare regimes: Shifting policy logics*, Hrsg. Jane Lewis, 1–20. Philadelphia: J. Kingsley Publishers.

Liefbroer, Aart C., und Edith Dourleijn. 2006. Unmarried cohabitation and union stability: Testing the role of diffusion using data from 16 European Countries. *Demography* 43:203–221.

Lister, Ruth. 1994. 'She has other duties': Women, citizenship and social security. In *Social security and social change: New challenges to the beveridge model*, Hrsg. Sally Baldwin und Jane Falkingham, 31–44. New York: Harvester Wheatsheaf.

Lohmann, Henning, und Hannah Zagel. 2016. Family policy in comparative perspective: The concepts and measurement of familization and defamilization. *Journal of European Social Policy* 26:48–65.

Long, J. Scott, und Jeremy Freese. 2014. *Regression models for categorical dependent variables using stata*. College Station: StataCorp LP.

Lundgren-Gaveras, Lena. 1996. Work-family needs of single parents: A comparison of American and Swedish policy trends. *The Journal of Sociology and Social Welfare* 23:131.

Lux, Thomas, und Simone Scherger. 2017. By the sweat of their brow? The effects of starting work again after pension age on life satisfaction in Germany and the United Kingdom. *Ageing & Society* 37:295–324.

Maldonado, Laurie C., und Rense Nieuwenhuis. 2015. Family policies and single parent poverty in 18 OECD countries, 1978–2008. *Community, Work & Family* 18:395–415.

Marshall, Victor, und Margaret Mueller. 2003. Theoretical roots of the life course. In *Social dynamics of the life course. Transitions, institutions, and interrelations*, Hrsg. Walter Heinz und Victor Marshall, 3–32. New York: De Gruyter.

Mattingly, Marybeth J., und S.M. Bianchi. 2003. Gender differences in the quantity and quality of free time: The US experience. *Social Forces* 81:999–1030.

Mattingly, Marybeth J., und Liana C. Sayer. 2006. Under pressure: Gender differences in the relationship between free time and feeling rushed. *Journal of Marriage and Family* 68:205–221.

May, Vanessa. 2004. Narrative identity and the re-conceptualization of lone motherhood. *Narrative Inquiry* 14:169–189.

May, Vanessa. 2010. Lone motherhood as a category of practice. *The Sociological Review* 58:429–443.

Mayer, Karl Ulrich. 1991. Soziale Ungleichheit Und Die Differenzierung von Lebensverläufen. In *Die Modernisierung moderner Gesellschaften: Verhandlungen des 25. Deutschen Soziologentages in Frankfurt am Main 1990*, Hrsg. Wolfgang Zapf. Frankfurt a. M.: Campus.

Mayer, Karl Ulrich. 1998. Lebensverlauf In *Handwörterbuch zur Gesellschaft Deutschlands*, Hrsg. Bernhard Schäfers und Wolfgang Zapf, 438–451. Opladen: Leske + Budrich.

Mayer, Karl Ulrich. 2004. Whose lives? How history, societies, and institutions define and shape life courses. *Research in Human Development* 1:161–187.

Mayer, Karl Ulrich. 2009. New directions in life course research. *Annual Review of Sociology* 35:413–433.

McLanahan, Sara, und Christine Percheski. 2008. Family structure and the reproduction of inequalities. *Annual Review of Sociology* 34:257–276.

McLanahan, Sara, und Gary Sandefur. 1994. *Growing up with a single parent: What hurts, what helps.* Cambridge: Harvard University Press.

McLaughlin, Eithne, und Caroline Glendinning. 1994. Paying for care in Europe: Is there a feminist approach? In *Family policy and the welfare of women.* Cross-National Research Papers, Bd. 3, Hrsg. Linda Hantrais und Steen Mangen, 52–69. Loughborough: Loughborough University of Technology.

McMunn, Anne M., James Y. Nazroo, Michael G. Marmot, Richard Boreham, und Robert Goodman. 2001. Children's emotional and behavioural well-being and the family environment: Findings from the health survey for England. *Social Science & Medicine* 53:423–440.

McPherson, Miller, Lynn Smith-Lovin, und James M. Cook. 2001. Birds of a feather: Homophily in social networks. *Annual Review of Sociology* 27:415–444.

Milardo, Robert. 1987. Changes in social networks of women and men following divorce: A review. *Journal of Family Issues* 8:78–96.

Millar, Jane. 2008. Work is good for you: Lone mothers, children, work and well-being. Helsinki. http://opus.bath.ac.uk/1078/. Zugegriffen: 17. Febr. 2010.

Millar, Jane, und Karen Rowlingson, Hrsg. 2001. *Lone parents, employment and social policy: Cross-national comparisons.* Bristol: Policy Press.

Miller, Amalia R. 2009. The effects of motherhood timing on career path. *Journal of Population Economics* 24:1071–1100.

Misra, Joya, Stephanie Moller, Eiko Strader, und Elizabeth Wemlinger. 2012. Family policies, employment and poverty among partnered and single mothers. *Research in Social Stratification and Mobility* 30:113–128.

Musick, Kelly, und Ann Meier. 2010. Are both parents always better than one? Parental conflict and young adult well-being. *Social science research* 39:814–830.

Mutchler, Jan E., und Lindsey A. Baker. 2009. The implications of grandparent coresidence for economic hardship among children in mother-only families. *Journal of Family Issues* 30:1576–1597.

Myles, John. 1990. States, labour markets, and life cycles. In *Beyond the marketplace: Rethinking economy and society,* Hrsg. Roger Owen Friedland und A.F. Robertson. New Jersey: Transaction.

Nazio, Tiziana. 2008. *Cohabitation, family and society.* Routledge: New York.

Nieuwenhuis, Rense, und Laurie C. Maldonado. 2018. *The triple bind of single parents.* Bristol: Policy Press.

OECD. 2011. *Doing better for families.* Paris: OECD.

OECD. 2012. OECD family database. http://www.oecd.org/els/soc/oecdfamilydatabase.html.

OECD. 2016. OECD family database. http://www.oecd.org/els/family/database.html. Zugegriffen: 19. Mai 2016.

OECD. 2017. SF1.1: Family size and household composition. http://www.oecd.org/els/family/SF_1_1_Family_size_and_composition.pdf.

Orloff, Ann. 1993. Gender and the social rights of citizenship: The comparative analysis of state policies and gender relations. *American Sociological Review* 58:501–518.

Ostner, Ilona. 2010. Farewell to the family as we know it: Family policy change in Germany. *German Policy Studies* 6:211–244.

Ott, Notburga, et al. 2003. Alleinerziehende im Sozialhilfebezug. BMAS Forschungsprojekt: ZEFIR Bochum.

Ott, Notburga, Mine Hancioglu, und Bastian Hartmann. 2012. *Dynamik der Lebensform „Alleinerziehend".* Bochum: BMAS.

Perelli-Harris, Brienna, et al. 2012. Changes in union status during the transition to parenthood in eleven European countries, 1970s to early 2000s. *Population Studies* 66:167–182.

Peuckert, Rüdiger. 1996. *Theoretische Erklärungsansätze für den sozialen Wandel von Ehe, Familie und Partnerschaft.* Wiesbaden: VS Verlag.

Pfau-Effinger, Birgit. 2005. Welfare state policies and the development of care arrangements. *European Societies* 7:321–347.

Raab, Marcel. 2017. Childhood family structure and early family formation in East and West Germany. *Journal of Marriage and Family* 79:110–130.

Raab, Marcel, Anette Eva Fasang, Aleksi Karhula, und Jani Erola. 2014. Sibling similarity in family formation. *Demography* 51:2127–2154.

Rønsen, Marit, und Marianne Sundström. 2002. Family policy and after-birth employment among new mothers – A comparison of Finland, Norway and Sweden. *European Journal of Population/Revue européenne de Démographie* 18:121–152.

Rosenfeld, Rachel A., Heike Trappe, und Janet C. Gornick. 2004. Gender and work in Germany: Before and after reunification. *Annual Review of Sociology* 30:103–124.

Rossi, Alice S. 1968. Transition to parenthood. *Journal of Marriage and Family* 30:26–39.

Rowlingson, Karen, und Stephen McKay. 1998. *The growth of lone parenthood: Diversity and dynamics.* London: Policy Studies Institute.

Rözer, Jesper, Anne-Rigt Poortman, und Gerald Mollenhorst. 2017. The timing of parenthood and its effect on social contact and support. *Demographic Research* 36:1839–1916.

Rürup, Bert, und Sandra Gruescu. 2006. *Nachhaltige Familienpolitik im Interesse einer aktiven Bevölkerungsentwicklung.* Berlin: Bundesministerium für Familie, Senioren, Frauen und Jugend.

Sainsbury, Diane. 1994. *Gendering welfare states.* London: Sage.

Sainsbury, Diane. 1999. *Gender and welfare state regimes.* Oxford: Oxford University Press.

Saraceno, Chiara. 2008. „Care" leisten und „Care" erhalten zwischen Individualisierung und Refamilialisierung1. *Berliner Journal für Soziologie* 18:244–256.

Saraceno, Chiara, und Wolfgang Keck. 2010. Can we identify intergenerational policy regimes in Europe? *European Societies* 12:675–696.

Schier, Michaela, und Sandra Hubert. 2015. Alles eine Frage der Opportunität, oder nicht? Multilokalität und Wohnentfernung nach Trennung und Scheidung. *ZfF – Zeitschrift für Familienforschung/Journal of Family Research* 27 (1): 3–31.

Schier, Michaela, Nina Bathmann, Sandra Hubert, Diane Nimmo, und Anna Proske. 2011. Wenn Eltern sich trennen: Familienleben an mehreren Orten. Auf einen Blick. DJI Online Thema 2011/12.

Schmelzer, Paul. 2005. Netzwerkveränderung als Folge der Transformation? *Berliner Journal für Soziologie* 15:73–86.

Schneider, Norbert, Dorothea Krüger, Vera Lasch, Ruth Limmer, und Heike Matthias-Bleck. 2001. *Alleinerziehen: Vielfalt und Dynamik einer Lebensform.* Weinheim: Juventa.

Schnor, Christine. 2014. The effect of union status at first childbirth on union stability: Evidence from Eastern and Western Germany. *European Journal of Population* 30:129–160.

Schwarzer, Ralf, André Hahn, und Harry Schröder. 1994. Social integration and social support in a life crisis: Effects of macrosocial change in East Germany. *American Journal of Community Psychology* 22:685–706.

Seltzer, Judith A. 1998. Father by law: Effects of joint legal custody on nonresident fathers' involvement with children. *Demography* 35:135–146.

Siegel, Nico A. 2007. Methoden der vergleichenden Wohlfahrtsstaatsforschung. In *Der Wohlfahrtsstaat*, Hrsg. Manfred G. Schmidt, Tobias Ostheim, Nico A. Siegel, und Reimut Zohlnhöfer, 96–114. Wiesbaden: VS Verlag.

Skew, Alexandra. 2009. Leaving lone parenthood: Analysis of the repartnering patterns of lone mothers in the U.K. PhD Thesis. Southampton: University of Southampton.

Skew, Alexandra, Ann Evans, und Edith Gray. 2009. Repartnering in the United Kingdom and Australia. *Journal of Comparative Family Studies* 40:561–585.

Sky News. 2011. PM: Tackling gangs new national priority. Sky news online. http://news.sky.com/home/politics/article/16050003.

Solga, Heike, Christian Brzinsky-Fay, Lukas Graf, Cornelia Gresch, und Paula Protsch. 2013. Vergleiche innerhalb von Gruppen und institutionelle Gelingensbedingungen: Vielversprechende Perspektiven für die Ungleichheitsforschung. WZB Discussion Paper. http://www.econstor.eu/handle/10419/71288. Zugegriffen: 29. Apr. 2016.

Sprecher, Susan, Diane Felmlee, Maria Schmeeckle, und Shu Xiaoling. 2006. No breakup occurs on an Island: Social networks and relationship dissolution. In *Handbook of Divorce and Relationship Dissolution*, Hrsg. Mark A. Fine, 457–478. Mahwah: Psychology.

Stange, Kevin. 2011. A longitudinal analysis of the relationship between fertility timing and schooling. *Demography* 48:931–956.

Stanley, Scott M., Galena Kline Rhoades, und Howard J. Markman. 2006. Sliding versus deciding: Inertia and the premarital cohabitation effect*. *Family Relations* 55:499–509.

Stauder, Johannes. 2006. Die Verfügbarkeit partnerschaftlich gebundener Akteure für den Partnermarkt. *KZfSS Kölner Zeitschrift für Soziologie und Sozialpsychologie* 58:617–637.

Steele, Fiona, Wendy Sigle-Rushton, und Øystein Kravdal. 2009. Consequences of family disruption on children's educational outcomes in Norway. *Demography* 46:553–574.

Struffolino, Emanuela, Laura Bernardi, und Marieke Voorpostel. 2016. Self-reported health among lone mothers in Switzerland: Do employment and education matter? *Population-E* 71:187–214.

Sweeney, Megan M. 2010. Remarriage and stepfamilies: Strategic sites for family scholarship in the 21st century. *Journal of Marriage and Family* 72:667–684.

Taylor-Gooby, Peter. 2004. *New risks and social change. In new risks, new welfare: The transformation of the European welfare state*, 1–28. Oxford: Oxford University Press.

Teachman, Jay. 2003. Childhood living arrangements and the formation of coresidential unions. *Journal of Marriage and Family* 65:507–524.

Thomson, Elizabeth. 2014. Family complexity in Europe. *The ANNALS of the American Academy of Political and Social Science* 654:245–258.

Thomson, Elizabeth, und Sara S. McLanahan. 2012. Reflections on "Family Structure and Child Well-Being: Economic Resources vs. Parental Socialization". *Social Forces; A Scientific Medium of Social Study and Interpretation* 91:45–53.

Thomson, Elizabeth, Thomas L. Hanson, und Sara McLanahan. 1994. Family structure and child well-being: Economic resources vs. Parental behaviors. *Social Forces* 73:221–242.
Timm, Andreas. 2000. Strukturelle Rahmenbedingungen und Partnerwahl. Eine Längsschnittanalyse der Wahl des ersten Partners in West- und Ostdeutschland. *Zeitschrift für Soziologie der Erziehung und Sozialisation* 3:164–187.
Uhlendorff, Harald. 2003. Family and family orientation in East Germany. In *Reinventing gender: Women in Eastern Germany since unification*, Hrsg. Eva Kolinsky und Hildegard Maria Nickel. Hove: Psychology Press.
Uhlendorff, Harald. 2004. After the wall Parental attitudes to child rearing in East and West Germany. *International Journal of Behavioral Development* 28:71–82.
Valiquette-Tessier, Sophie-Claire, Marie-Pier Vandette, und Julie Gosselin. 2016. Is family structure a cue for stereotyping? A systematic review of stereotypes and parenthood. *Journal of Family Studies* 22:162–181.
Van de Velde, Sarah, Clare Bambra, Koen Van der Bracht, Terje Andreas Eikemo, und Piet Bracke. 2014. Keeping it in the family: The self-rated health of lone mothers in different European welfare regimes. *Sociology of Health & Illness* 36:1220–1242.
Van Lancker, Wim, Joris Ghysels, und Bea Cantillon. 2015. The impact of child benefits on single mother poverty: Exploring the role of targeting in 15 European countries. *International Journal of Social Welfare* 24:210–222.
Van Winkle, Zachary. 2018. Family trajectories across time and space: Increasing complexity and diversity in family life courses in Europe? *Demography*.
Viitanen, Tarja K. 2005. Cost of childcare and female employment in the UK. *Labour* 19:149–170.
Vikat, Andres, et al. 2008. Generations and gender survey (GGS): Towards a better understanding of relationships and processes in the life course. *Demographic Research* 17:389–440.
Wagner, Gert G., Joachim R. Frick, und Jürgen Schupp. 2007. The German Socio-Economic Panel Study (SOEP): Scope, evolution and enhancements. DIW Berlin, The German Socio-Economic Panel (SOEP). http://ideas.repec.org/p/diw/diwsop/diw_sp1.html. Zugegriffen: 18. Aug. 2012.
Wheelcock, Jane, und Katherine Jones. 2002. „Grandparents Are the Next Best Thing": Informal childcare for working parents in urban Britain. *Journal of Social Policy* 31:441–463.
Williams, Richard. 2012. Using the margins command to estimate and interpret adjusted predictions and marginal effects. *Stata Journal* 12:308–331.
Wrzus, Cornelia, Martha Hänel, Jenny Wagner, und Franz J. Neyer. 2013. Social network changes and life events across the life span: A meta-analysis. *Psychological Bulletin* 139:53–80.
Zagel, Hannah. 2014. Are all single mothers the same? Evidence from British and West German women's employment trajectories. *European Sociological Review* 30:49–63.
Zagel, Hannah. 2015. Support for lone parents in Germany. Paris.
Zagel, Hannah, und Sabine Hübgen. 2018. A life course approach to single mothers' economic wellbeing in different welfare states. In *The triple bind of single parents*, Hrsg. Rense Nieuwenhuis und Laurie C. Maldonado. Bristol: Policy Press.

The manufacturer's authorised representative in the EU is Springer Nature Customer Service Centre GmbH, Europaplatz 3, 69115 Heidelberg, Germany. If you have any concerns regarding our products, please contact ProductSafety@springernature.com

Printed and bound by CPI Group (UK) Ltd, Croydon, CR0 4YY
23/03/2026
02076400-0012